A ÚLTIMA ENCARNAÇÃO DO FAUSTO

Renato Vianna (1894-1953)

A ÚLTIMA ENCARNAÇÃO DO FAUSTO

Renato Vianna

Edição organizada por
SEBASTIÃO MILARÉ

SÃO PAULO 2011

*Copyright © 2011, Editora WMF Martins Fontes Ltda.,
São Paulo, para a presente edição.*

1ª edição *2011*

Acompanhamento editorial
Helena Guimarães Bittencourt
Revisões gráficas
Thelma Batistão
Marisa Rosa Teixeira
Edição de arte
Katia Harumi Terasaka
Produção gráfica
Geraldo Alves
Paginação
Moacir Katsumi Matsusaki

Dados Internacionais de Catalogação na Publicação (CIP)
(Câmara Brasileira do Livro, SP, Brasil)

Vianna, Renato, 1894-1953
A última encarnação do Fausto / Renato Vianna ; edição organizada por Sebastião Milaré. – São Paulo : Editora WMF Martins Fontes, 2011. – (Coleção dramaturgos do Brasil)

Bibliografia
ISBN 978-85-7827-462-7

1. A última encarnação do Fausto (Espetáculo teatral) 2. Dramaturgia 3. Teatro – Produção e direção 4. Teatro – Técnica 5. Teatro brasileiro I. Milaré, Sebastião. II. Título. III. Série.

11-09136	CDD-792.81

Índice para catálogo sistemático:
1. Dramaturgia brasileira : Teatro : Artes da representação   792.81

Todos os direitos desta edição reservados à
Editora WMF Martins Fontes Ltda.
Rua Prof. Laerte Ramos de Carvalho, 133 01325.030 São Paulo SP Brasil
Tel. (11) 3293.8150 Fax (11) 3101.1042
e-mail: info@wmfmartinsfontes.com.br http://www.wmfmartinsfontes.com.br

COLEÇÃO "DRAMATURGOS DO BRASIL"

Vol. XXI – Renato Vianna

Esta coleção tem como finalidade colocar ao alcance do leitor a produção dramática dos principais escritores e dramaturgos brasileiros. Os volumes têm por base as edições reconhecidas como as melhores por especialistas no assunto e são organizados por professores e pesquisadores no campo da literatura e dramaturgia brasileiras.

Coordenador da coleção: João Roberto Faria, professor titular de Literatura Brasileira da Universidade de São Paulo.

Sebastião Milaré, que organizou o presente volume, é jornalista, crítico e pesquisador de teatro. Há décadas acompanha sistematicamente o trabalho de Antunes Filho, e publicou um estudo crítico sobre sua carreira artística (*Antunes Filho e a dimensão utópica*, Perspectiva, 1994), relacionando-a com o processo de modernização do teatro brasileiro. Em *Hierofania – O teatro segundo Antunes Filho* (Sesc, 2010), documenta e discute o método criado por Antunes Filho. Com apoio de Bolsas Vitae de Artes, realizou extensa pesquisa sobre a vida e obra de Renato Vianna, registrada no livro *Batalha da Quimera* (Funarte, 2009).

ÍNDICE

Introdução IX
Cronologia XXXIII
Nota sobre a presente edição XXXVII

A última encarnação do Fausto 1

INTRODUÇÃO

O GUERREIRO DA QUIMERA

Os pioneiros pagam alto preço pela ousadia, é a moral que se tira da história de Renato Vianna, desde o momento em que ousou dar os primeiros passos na construção do caminho que levaria à modernização do teatro brasileiro. A utopia revelada com a Batalha da Quimera em 1922, quando tinha 28 anos de idade, animou-lhe a luta até a morte, aos 59 anos. Foi, igualmente, glória e estigma. E depois que partiu, pondo fim à batalha, sua memória foi se diluindo, lançada ao ostracismo, até dela restarem só alguns traços, que falam da tentativa de renovação do teatro em 1922 e quase nada mais.

Ao surgir no Rio de Janeiro, em fins de 1917, muito jovem, mas trazendo do Nordeste fama de jornalista combativo, Renato Vianna foi saudado como uma promessa no meio teatral. Nessa época triunfavam os autores de comédia de costumes, celebrando a temática nacionalista e o espírito telúrico como principais tendências. Seu diferencial estava no fato de ser autor de drama, ou melodrama, e não da comédia de costumes, que estava em alta. E teve logo obra encenada pela mais importante atriz dramática do país, Itália Fausta.

A peça de estreia, *Na voragem* (mais tarde rebatizada *Fogueiras da carne*), mereceu atenção da intelectualidade e do meio teatral, a despeito de algumas restrições. Com as obras seguintes, *Salomé* e *Os fantasmas*, cresceram a admiração de uns e o repúdio de outros. Em crônica de 1921, Gilberto Amado refere-se a ele como possuidor de "intensa vocação dramática", autor de peças "tão fortes e tão vivas" que, no entanto, lhe rendiam apenas a "glória", por Amado traduzida como "o desapreço notório, a inveja e a calúnia, que no Brasil acompanham sempre quem se distingue por qualquer coisa"[1]. Roberto Gomes, autor de peças admiráveis como *Canto sem palavras* e *A casa fechada*, teria dito a Brício de Abreu que Renato Vianna é "o autor que ficará na história do teatro brasileiro. É muito maior do que o meio para ser aceito e compreendido agora. Só o

---

1. Gilberto Amado, "Miçangas e aljôfares", in *A chave de Salomão e outros escritos*. Rio de Janeiro: José Olympio, 1971, pp. 173 ss.

futuro lhe fará justiça"[2]. Nesses e em outros comentários da época, ao lado do franco elogio ao escritor, vislumbra-se a hostilidade que lhe dedicavam segmentos do teatro e da imprensa.

Os fundamentos dessa contradição parecem imprecisos a quem hoje, quase um século depois, tenta compreendê-la a partir da leitura dos citados melodramas. Isso porque os elogios ao dramaturgo o colocavam como "renovador" do teatro, porém suas peças retomavam o "teatro de tese" do século XIX, observando estrutura e preceitos do melodrama clássico. Onde estaria a renovação?

Nas relações de Renato Vianna com a encenação propriamente dita, no entanto, o pesquisador encontra indícios de ideias renovadoras. Nesse tempo não se conhecia ainda no Brasil a figura do diretor teatral, ou do encenador. Quem comandava os ensaios era o "ensaiador", função organizadora de idas e vindas dos atores pelo tablado e nada criativa. Mas desde a montagem da primeira peça Vianna se insinuava, extraoficialmente, na função de diretor. Acompanhava os ensaios, sugerindo aos atores modos interpretativos, exigindo do ensaiador longas pausas, grandes silêncios. Pretendia, com os silêncios, induzir o ator à naturalidade da representação, fugindo às caricaturas advindas das receitas da

---

2. Brício de Abreu, *Esses populares tão desconhecidos*. Rio de Janeiro: Raposo Cordeiro, 1963, p. 227.

antiga escola. Começaria a buscar um sistema a partir da Colmeia, experiência realizada em São Paulo em 1924, na qual a ação programática veiculada pela imprensa já delineava o conceito do "teatro de equipe", contra o "teatro de estrelas" vigente. O ator é parte de um todo e deve compreender o seu papel não por modos artificiais de representação dos sentimentos, mas pelas relações dramáticas contidas no texto.

Renato Vianna, sem dúvida, estava ciente de que "a renovação cênica antecederia e prepararia, de modo geral, a dramatúrgica", como disse o mestre Décio de Almeida Prado ao analisar o pensamento crítico de Antônio de Alcântara Machado, observando que Machado não percebeu "a importância real do encenador no espetáculo moderno. Legislou para o texto como se pudesse existir por si mesmo, desligado da realidade material que o transforma em teatro. Pensou em dramaturgos e comediógrafos, quando deveria pensar, de início, em diretores e cenógrafos"[3].

A Batalha da Quimera imbricou as várias faces de Vianna – a do dramaturgo, a do ator e a do encenador – na montagem de *A última encarnação do Fausto*. E nisso está a importância histórica do evento: lançava no Brasil as bases de espetáculos em que texto, cenografia, música, luz e atuação do elenco constituem um "organismo".

---

3. Décio de Almeida Prado, "O teatro", in Affonso Ávila (org.). *O modernismo*. São Paulo: Perspectiva, 1975, p. 144.

As louvações que lhe eram feitas, no entanto, referiam-se ao dramaturgo. E isso nos remete à questão agônica: como entendê-lo "renovador" se estava baseado no "teatro de tese" do século XIX? Então começamos a perceber que alguma coisa se movimentava no miolo daqueles melodramas. Suas três peças iniciais, mais *Luciano, o encantador* e a *Abat-jour*, a primeira encenada por Leopoldo Fróes e a segunda por Abigail Maia, observam linha contínua, só rompida por *A última encarnação do Fausto*, obra em que a "tese" cede vez ao simbolismo. Nesse conjunto devemos buscar os indícios, ainda que nebulosos, mediante os quais lhe creditavam o carisma de "renovador".

Salomé, a segunda peça, apresenta a "tese" sobre os malefícios da paixão, geradora da servidão humana, e se tornou libreto para a ópera *Zoé*, de Heitor Villa-Lobos. Mas em *Na voragem* e em *Os fantasmas* evidencia-se a tentativa de elaboração do drama psicológico, repercutindo preceitos longe de serem assimilados, mesmo na área médica, da doutrina de Freud. De maneira tosca utiliza-se de dogmas freudianos primários, como o "recalque", buscando denunciar questões sociais – no caso específico de *Na voragem*, o autoritarismo patriarcal e os casamentos por conveniência econômica.

Vai mais longe em *Os fantasmas*, tornando a questão do "recalque" mola motora da ação.

Refere-se a uma respeitável senhora da sociedade que aos doze anos de idade foi estuprada. Fato violento que ela jogou para o subconsciente, deixando a consciência livre da lembrança. Até que circunstâncias dramáticas o fazem aflorar no plano consciente, destruindo-lhe a razão. Essa leitura da obra poderia ser apenas especulação, não constasse de documento da época. Um recorte dá conta que certo dr. Ribeiro do Vale escreveu carta a um jornal defendendo Vianna da acusação que lhe faziam alguns críticos de plágio a *Os espectros*, de Ibsen. Demonstrando erudição nos argumentos, o missivista afirma a originalidade da peça, dizendo que, "à luz dos conhecimentos modernos, a genial doutrina de Freud explica exuberantemente esse caso psicológico", que "Renato Vianna soube observar e descrever com um valor somente atingido pelos escritores de raça"[4].

Diante dessa afirmação e da leitura do texto, que a ratifica, fica evidente a tentativa de criar o drama psicológico, eis a ideia renovadora. Mas surge aqui um problema sério, em que forma e conteúdo digladiam. A psicologia freudiana deu as bases para o realismo psicológico que marcou o teatro no século XX, mas é insuficiente diante do inconsciente coletivo, que alimenta o melo-

---

4. Embora inquestionavelmente autêntica publicação da época, o recorte não traz o crédito do jornal que o veiculou nem a data.

drama, assim como alimenta os contos de fadas. De modo que forma e conteúdo se debatiam e se aniquilavam na obra de Renato Vianna.

A última encarnação do Fausto, à qual retornaremos à frente, marcou o interregno entre duas fases dessa melodramaturgia, pois foi obra de exceção, já que elaborada na vertente simbolista. Interessante observar, no entanto, que Andrade Muricy classificou toda a dramaturgia de Vianna como simbolista: "O seu teatro é dum simbolismo florido – florido, no sentido em que se fala em gótico florido."[5]

Depois do delírio simbolista de *Fausto*, Vianna retornou ao melodrama puro com *Gigolô*, em 1924, encenado por Leopoldo Fróes, obtendo extraordinário sucesso de público e de crítica. Voltavam os códigos melodramáticos no relato de paixão descontrolada, envolvendo grande consumo de cocaína em cena, mas com a remissão final dos personagens. Há um leve toque simbolista que sugere aproximação do autor ao inconsciente coletivo: insinua-se o mito da última virgem na atitude da protagonista, prostituta de luxo, que acolhe e protege uma pobre florista – preservando a pureza da menina, ela acredita alcançar a própria salvação.

Correm paralelas na atividade de Vianna as duas buscas de renovação, a cênica e a drama-

---

5. Andrade Muricy, *Panorama do movimento simbolista brasileiro*. Rio de Janeiro: MEC/INL, 1973, vol. 2, p. 1059.

túrgica. Depois da Colmeia, que durou pouco, viria a fundar a Caverna Mágica, no Cassino, junto de Paschoal Carlos Magno e Roberto Rodrigues. Ao mesmo tempo, nos porões do Cassino Beira-Mar, Eugênia e Álvaro Moreyra criavam o Teatro de Brinquedo. Os dois projetos propunham combater velhos códigos e vícios do teatro, mas por diferentes perspectivas. Álvaro Moreyra fazia *tabula rasa* das técnicas teatrais, em ostensiva negação do teatro profissional. Todo o contrário era a proposta de Vianna. Em entrevista ao jornal *A Manhã*, deixava claro que não se batia "contra os profissionais de teatro, mas contra o teatro dos profissionais". E afirmava: "Acho imprescindível o concurso dos profissionais. Sem profissionais só restam *amadores*. Não há mais penosa, mais demorada, mais difícil iniciação profissional que a da arte do teatro."[6] Por isso tentava transgredir códigos vigentes, mas com o desenvolvimento de novas técnicas, novos modos interpretativos e novo sistema ético que propiciassem ao ator não apenas possibilidades expressivas atualizadas, mas também consciência do ofício e da responsabilidade social nele implícita.

Propósito que continuaria a perseguir nos anos seguintes. Depois da Revolução de 30, da qual participou em Fortaleza como jornalista e

---

6. *A Manhã* (RJ), 7/1/1928.

secretário do governo provisório, voltou ao Rio de Janeiro com duas peças, uma encenada por Procópio Ferreira, *A última conquista*, e outra por Jayme Costa, *Divino perfume*. Permanecia fiel à estrutura melodramática, mas mudando o enfoque. A crítica social das produções anteriores cedia espaço à proposta de conciliação nacional, sintetizada em termos de perdão e renúncia.

Logo funda o Teatro de Arte, na busca de condições para criar o Teatro-Escola. Apresenta *O homem silencioso dos olhos de vidro*, em que o tema do perdão e da renúncia se mistura a resíduos simbolistas.

Pretendia com o Teatro-Escola formar uma companhia dramática junto a um curso de iniciação teatral. Os alunos seriam estagiários e, depois da necessária preparação intelectual e técnica, passariam a integrar o elenco como profissionais. Além da formação do ator, o plano incluía a formação de plateia, com sessões gratuitas a operários e a circulação do repertório pelo país. Elaborou o projeto, tentou diversos encaminhamentos, ao longo de dois anos. Por fim conseguiu apresentar a proposta ao presidente Getúlio Vargas e saiu do Catete vitorioso: o Teatro-Escola seria uma experiência de governo com o objetivo de fomentar o teatro nacional[7].

---

7. De fato foi uma experiência que teve continuidade, na gestão do ministro Gustavo Capanema, conforme é relatado no *folder* do Ministério da Educação e Saúde *O governo e o*

O governo do Distrito Federal cedeu o Teatro Cassino e o nomeou diretor interino da Escola Dramática Municipal, instalada no mesmo edifício. Assim contemplava-se a ideia do curso de formação do ator anexado à companhia.

Toda vitória traz no seio a derrota. Junto com a repercussão do projeto despontava o antagonismo daqueles que também se sentiam no direito a benesses governamentais. Esse clima ficou mais perceptível após a inauguração do Teatro-Escola, quando Vianna leu o "Regulamento" da empresa, que exigia absoluto envolvimento dos participantes na criação do espetáculo. O ator era obrigado a permanecer no ensaio, mesmo não participando da cena, pois devia conhecer todas as motivações e o desenvolvimento de cada personagem, não apenas a sua "parte", como era o usual. Devia respeitar os colegas e jamais improvisar ou colocar "cacos" (acréscimos) no diálogo, hábito comum na época. Visitas de pessoas estranhas à equipe nos camarins, como jornalistas e convidados, eram proibidas. As normas regulamentares explicitavam até noções básicas da boa educação e ampliaram o antagonismo ao empreendimento.

---

teatro, pp. 6-7 (1938). Findo o Teatro-Escola, foi constituída a Comissão do Teatro Nacional, que depois se transformou no Serviço Nacional de Teatro. O SNT foi o órgão que subsidiou o processo de renovação nos anos 40.

Abriu o repertório, em novembro de 1934, o texto mais polêmico de Renato Vianna, *Sexo*, que arrastou multidões ao teatro. Na imprensa, foi muito elogiado, mas provocou manifestações de protesto nas ruas e no Congresso Nacional, onde um deputado exigiu explicações de Getúlio Vargas por patrocinar uma obra que ia contra a moral, os bons costumes e a integridade da família brasileira.

Voltando à estrutura do melodrama clássico e colocando em primeiro plano ideias psicanalíticas, em *Sexo* Renato Vianna sinaliza o incesto como um dos "atributos" do sistema patriarcal, no qual o patriarca é senhor de tudo, inclusive das mulheres da família. A garota é desejada sexualmente tanto pelo pai quanto pelo irmão. Como se isso não bastasse, o enredo envolve temas como adultério e aborto. Tempos depois, comentando a obra, Décio de Almeida Prado afirmou que com esses temas o autor "alargava o âmbito de nossa tímida literatura dramática, inserindo nela um *leitmotiv* que só em tempos recentes receberia a sua competente orquestração. A hora da revolução sexual não havia soado"[8]. Quanto à questão freudiana, manifestaram-se psicanalistas famosos da época, como o dr. J. P. Porto-Carrero e o dr. Gastão Pereira da Silva, que aprovaram, de modo geral, a abordagem de Vianna.

---

8. Décio de Almeida Prado, *O teatro brasileiro moderno: 1930–1980*. São Paulo: Perspectiva/USP, 1988, p. 25.

Todo o repertório do Teatro-Escola foi bem recebido pelo público e elogiado pela crítica, embora aumentassem os comentários desfavoráveis ao empreendimento, graças ao que se entendia como "autoritarismo" do diretor. Os métodos de trabalho de Renato Vianna causavam antipatia no meio teatral e adjacências porque batiam de frente com hábitos e vícios arraigados. Tal animosidade ofuscou as inovações. Pois elas existiam, pelo que se depreende, por exemplo, das afirmações de Luiza Barreto Leite de que Vianna era criticado por "seus longos silêncios, as suas grandes cenas em que a mímica substituía a palavra; os seus jogos de luz, escurecendo parte do palco para valorizar *terrivelmente* outras..."[9]. Evidencia-se, portanto, a figura do encenador moderno. Em outra ocasião, disse Luiza Barreto Leite que "Renato foi o precursor de Ziembinski, com a diferença de que era brasileiro, então, ninguém acreditou nele"[10].

Dois críticos, Raul Pedrosa[11] e Jean Cocquelin (Aristides de Basile)[12], escreveram sobre ensaios a que assistiram, confessando-se impressio-

---

9. "Renato Vianna fala das suas lutas passadas e dos seus projetos futuros". *Correio da Manhã* (RJ), 31/10/1948.

10. Cf. Sebastião Milaré, *Batalha da Quimera*. Rio de Janeiro: Funarte, 2009, p. 316.

11. "Renato Vianna, Cinzelador". *Jornal do Brasil* (RJ), 19/12/1934.

12. "O Teatro-Escola". *A Platea* (SP), 19/7/1935.

nados com o vigor e a inteligência de Vianna na direção dos atores, conduzindo-os a interpretações surpreendentes. Em depoimento ao SNT, a atriz Luiza Nazareth contou como ele a dirigiu na peça *Ciclone*, de Somerset Maugham, no Teatro-Escola, possibilitando uma interpretação por ela inesperada, que lhe valeu aplausos em cena aberta[13]. Vianna era, portanto, não apenas o encenador, aquele que constrói plasticamente o espetáculo, mas também o diretor, que em corpo a corpo com o elenco mergulha no interior do drama para revelar em cena os personagens.

Contudo, a bulha contra o Teatro-Escola cresceu e quase inviabilizou a segunda temporada, quando as principais figuras do elenco, Itália Fausta, Olga Navarro e Jayme Costa, aliaram-se aos opositores e abriram processos judiciais contra a empresa. Acusavam Vianna de não repassar ao elenco supostos lucros, como mandavam os estatutos. Duas auditorias foram feitas nos livros do Teatro-Escola e ambas concluíram pela inexistência dos alegados lucros, inocentando o diretor. Mas a essa conclusão chegou-se muito mais tarde. Enquanto corriam as ações na justiça e o guerreiro da quimera prosseguia seu trabalho, a campanha difamatória tomou proporções devastadoras e causou grande prejuízo à segunda temporada, que es-

---

13. Luiza Nazareth, *Depoimentos I*. Rio de Janeiro: MEC/SNT/Funarte, 1976, p. 63.

treou com outro texto dele, igualmente polêmico: *Deus*.

A nova peça permanecia na esfera formal e ideológica de *Sexo*, retomando os temas de adultério e aborto, mas deixando de lado a psicanálise em favor do debate ciência *versus* religião. Debate que, naquele momento, não conseguia superar as intrigas, envolvendo a companhia e o diretor, diariamente veiculadas nos jornais. Intrigas que afetaram as demais peças do repertório e forçaram a interrupção da temporada. O Teatro-Escola preparava-se para ir a São Paulo quando personalidades uniram-se em desagravo a Renato Vianna no Salão do Movimento Artístico Brasileiro. Do evento organizado por Celso Kelly participaram, entre outros nomes ilustres, o educador Anísio Teixeira, a atriz Dulcina de Moraes, os músicos Waldemar Henrique e Estelinha Epstein.

Em São Paulo, a permanência do Teatro-Escola no Teatro Bela Vista, de julho a outubro de 1935, foi um grande sucesso, com lotação esgotada em todas as sessões. Críticos e colunistas faziam elogios diários à alta qualidade artística dos espetáculos e à disciplina do elenco. Muitas homenagens foram dirigidas ao diretor e à companhia, como a sessão solene no Centro Acadêmico 11 de Agosto, da Faculdade de Direito, e o almoço organizado por Paulo Emílio Salles Gomes, que contou com a presença de ilustres figuras, entre elas o fundador do Teatro da Experiência, Flávio de Carvalho. Por fim, um grupo de intelectuais enviou abaixo-assinado ao presidente Getúlio Vargas e ao ministro Gustavo Capanema, em solidariedade ao Teatro-Escola.

O apoio de nomes importantes do mundo das artes e das letras, do Rio de Janeiro e de São Paulo, não propiciou a continuidade do Teatro-Escola, mas deu a Renato Vianna o estímulo para continuar a batalha pela renovação cênica e pela divulgação do bom teatro Brasil afora. Em 1938 e no final do ano seguinte realizou as "missões dramáticas", em longas excursões pelos estados do Norte e Nordeste, com elenco de primeira linha. A fortuna crítica das "missões", farto material de imprensa colecionado em álbuns do seu arquivo pessoal, reflete o entusiasmo em torno da companhia por todos os lugares onde esteve.

Em 1942, na cidade de Porto Alegre, contando com o apoio de instituições e do governo local, Vianna fundou a Escola Dramática do Rio Grande do Sul e, no ano seguinte, o Teatro Anchieta, retomando a ideia do Teatro-Escola. A esse trabalho dedicou-se até 1947, quando retornou ao Rio de Janeiro. No ano seguinte, foi nomeado diretor da antiga Escola Dramática Municipal, que estava completamente abandonada. Recuperou-a e a instalou no Solar do Rio Branco, onde permanece até hoje, mudando-lhe o nome para Escola de Teatro Martins Pena.

Curioso notar que o seu crescimento na renovação cênica, mediante a preparação atualizada do ator, não se reflete na pequena produção dramatúrgica que apresentou depois de encerrado o Teatro-Escola. Manteve-se fiel ao velho melodrama, mas sem a força de obras anteriores, como *Na voragem*, *Gigolô* ou *Sexo*. Sem dúvida, abandonou as tentativas de renovação dramatúrgica para investir esforços na formação do ator e na investigação dos princípios modernos da encenação. No Teatro Anchieta dirigiu grandes textos, obras de Florêncio Sánchez, Ibsen, Dostoievski, e com os alunos avançados da Escola Martins Pena dirigiu *Édipo*, de André Gide, e *Um inimigo do povo*, de Ibsen, montagem enaltecida por Otto Maria Carpeaux em uma crítica[14]. Estava empenhado na ideia de constituir uma companhia vinculada à Escola, quando faleceu, em maio de 1953.

*

Ao escrever *A última encarnação do Fausto* (1921) no sobrado da Praça do Ferreira onde vivia, em Fortaleza, Renato Vianna tinha objetivos bem definidos. Primeiro: desejava ingressar "nas fileiras, então muito escassas, da mocidade revolucionária que havia de plantar com seu

---

14. "Um inimigo do povo". *A Noite* (RJ), 17/7/1952.

sangue generoso, em 1922, o ideal de um Brasil mais justo, mais fecundo e mais belo", confessou em um "memorial"[15]. Não particularizava o movimento artístico, que teve expressão máxima com a Semana de Arte Moderna, mas o incluía no rol de movimentos marcantes daquele ano, como o levante do Forte de Copacabana, que deu origem ao tenentismo, e a fundação do Partido Comunista do Brasil. Esse conjunto de ações é que determinaria grandes alterações na vida cultural e política do país. Segundo: pretendia levar para dentro do teatro as alterações formais, envolvendo a ética e os procedimentos técnicos que possibilitassem a nova estética.

Tinha informações dos conceitos transformadores que agitavam o teatro europeu. Sabia de Gordon Craig, que dava novo sentido ao espaço cênico; do teatro de síntese de Komisarjevsky; do naturalismo de Stanislavski; da ação transformadora de Jacques Copeau no *Vieux Colombier*, de onde saíra recentemente Gaston Baty com o grupo *Chimère*. Este lhe inspirou o nome da companhia: Batalha da Quimera. Estava consciente, porém, de que não bastavam informações, percepção teórica e vontade para transformar o teatro de um dia para o outro. A arte depende do "lento e natural efeito dos tem-

---

15. Manuscrito, c. 1932, Arquivo Renato Vianna.

pos", dizia em um artigo[16], que também advertia: "Muito podemos deixar feito para a obra de amanhã. Os alicerces do edifício formidável, se trabalharmos, pode ser obra nossa, assim como a planta arquitetônica." O importante é fazer o caminho. O que propunha era o primeiro passo.

A última encarnação do Fausto encontra abrigo na saga simbolista. Relata os últimos dias de um escultor, não por meio de dados da realidade, mas por sugestões do real filtradas dos devaneios e delírios do personagem. Transcende a realidade do dia a dia para recriá-la no plano onírico. As imagens constituem símbolos, antes refletindo o estado de alma do que buscando retratar, nas chaves da psicologia e da sociologia, as situações que levam o artista ao suicídio. Mesmo o suicídio é símbolo da vontade de eliminar formas vigentes; vontade que animava artistas e literatos e desembocaria no movimento modernista. O Fausto e o Mefisto são também símbolos do transe, formando ambos a unidade que é o artista em crise.

Ao discorrer sobre a crise artística do seu tempo, Vianna coloca no próprio texto ideias renovadoras. Nas extensas rubricas surge o encenador, determinando os movimentos dos atores pela cena, a incidência musical e a ilumina-

---

16. "O teatro nacional não é uma providência dos parlamentos, mas um lento e natural efeito dos tempos". *A Noite* (RJ), 8/9/1922.

ção. Não só as palavras elaboram a linguagem proposta, o diálogo se completa com cenografia, gesto, música e luz.

Marcando a transição do parnasianismo para o modernismo, a escola simbolista foi base para muitos modernistas. Notadamente para os que se reuniram no grupo carioca *Festa*, de orientação espiritualista e não pragmática como a do movimento paulistano. Isto, de certo modo, explica o fato de Renato Vianna ser tão próximo de figuras do *Festa* e tão distante dos modernistas de São Paulo. A estes, que buscavam estabelecer na literatura o idioma português do Brasil, a retórica lusitana dos seus escritos devia causar arrepios. Porém tal aspecto precisa ser examinado com cautela, pois a retórica nas extensas falas de suas peças se alterna com blocos de diálogos ágeis, refletindo o falar cotidiano. Em *A última encarnação do Fausto* o contraste é perceptível entre as digressões do sonhador Eduardo e as réplicas concisas e sarcásticas do Mefisto. O que não é suficiente, de certo, para incluí-lo nas fileiras modernistas, como o fizeram Andrade Muricy no *Panorama do movimento simbolista brasileiro* e Joaquim Inojosa em *A arte moderna*[17]. Por outro lado, a ação efetiva de Renato Vianna, com o propósito de renovar a cena, lançou-o no

---

17. Joaquim Inojosa, *A arte moderna 1924-1974/o Brasil brasileiro 1925-1975*. Edição cinquentenária. Rio de Janeiro: Meio-Dia, 1977, p. 53.

olho do furacão daqueles tempos de transgressões estéticas e busca da expressão brasileira.

Ao voltar para o Rio de Janeiro, em 1922, o autor certamente leu *A última encarnação do Fausto* numa das reuniões na casa de Ronald de Carvalho, onde se encontravam jovens poetas que mais tarde integrariam o grupo *Festa*. Entre eles, os mais ligados a Vianna eram Cecília Meireles, Gilka Machado, Murilo Araújo, além do próprio Ronald de Carvalho, que a ele e a Villa-Lobos se associou na Batalha da Quimera para a encenação da peça.

Podem argumentar os ortodoxos, fazendo vistas grossas aos fatos, que Renato Vianna seria moderno, mas não modernista. Todavia, a atuação ativa de participantes da Semana de Arte Moderna, Ronald de Carvalho e Villa-Lobos, na Batalha da Quimera, deflagrada dia 16 de dezembro de 1922, no Teatro São Pedro (atual João Caetano), com a estreia de *A última encarnação do Fausto*, junto às transgressões que em cena se praticaram, devem conferir alguma legitimidade à opinião de quem vê no ato o elo perdido que liga o teatro ao movimento modernista brasileiro.

Soaram na sala do Teatro São Pedro do Rio de Janeiro as vaias que marcaram a Semana de Arte Moderna no Municipal de São Paulo. Para o gosto de então, o espetáculo era uma lástima! Os atores andando pelo palco em total desacordo com as convenções; o protagonista fazendo imprecações, voltado à estátua e de costas para o público; a iluminação "insuficiente" para se ver a cena em fartos momentos; aquela música que se impunha de vez em quando sufocando o diálogo... Aqueles silêncios... Estava tudo errado!

Essas opiniões e outras mais agressivas apareceram nas críticas publicadas em seguida à estreia. Para o ranzinza conservador Oscar Guanabarino o texto era uma bobagem incompreensível, a posta em cena toda errada, a música de Villa-Lobos um tormento para os tímpanos; para João de Talma (José Maria Reis Perdigão), que dissimulava o fraco saber com irreverências e deboches, aquilo era a manifestação de um hospício. Uns poucos, entre eles Mário Nunes, tinham a percepção do "novo" e procuravam interpretar a obra, mesmo considerando-a "avançada" demais para a época. Em meio a tudo, o crítico revisteiro Otávio Quintiliano confessava-se incapaz de compreender o que viu.

O "gosto de então", por outro lado, não impedia que a sensibilidade de muitos fosse tocada pela obra. Mensagens de congratulação também chegavam a Renato Vianna. Inclusive da atriz portuguesa Lucinda Simões, que o chamava "grande autor" e provou a sinceridade do elogio quando voltou a Portugal, incluindo no seu repertório, em Lisboa, *Salomé* e *Os fantasmas*. Passado o primeiro choque, mesmo colunistas antes hostis começaram a reavaliar as impressões e a perceber que alguma coisa nova havia naquele espetáculo. A mudança de humor se fez notar quando Leopoldo Fróes montou o texto de Renato Vianna, *Gigolô* (1924). As colunas teatrais saudavam o retorno do dramaturgo, de quem sempre se espera o "novo", era o que diziam de várias maneiras.

A última encarnação do Fausto marcou a época e é lembrada em muitas resenhas. Aparece nos livros de história do teatro como tentativa fracassada de renovação, mas o texto praticamente ninguém leu, já que permanecia inédito em livros. Tornou-se obra famosa só pelo nome. Sua publicação pela Editora WMF Martins Fontes vem sanar essa lacuna, dando aos estudiosos de teatro acesso ao misterioso texto escondido atrás do conhecido nome. O leitor que nele só procura o prazer da leitura terá contato com a potência da escrita plena de arcaísmos e de singular poesia e com o fascínio de uma variação brasileira da velha lenda.

O texto ora publicado é fiel ao manuscrito existente no arquivo pessoal de Renato Vianna. Um feixe de folhas de papel almaço, posteriormente encadernado, que foi o livro do ponto Mário Ulles, na encenação de 1922, conforme notação na página inicial. O exemplar acompanhou o autor a vida toda, pois ele nunca tirou a peça do repertório. Montou-a com o Teatro-Escola, durante as "missões dramáticas", e com o

Teatro Anchieta. O manuscrito por certo foi a base de todas as montagens e, por isso mesmo, receptor de revisões e alterações do autor ao longo do tempo. No primeiro e no terceiro atos as revisões são pouco significativas, mas no segundo ato são mais profundas, embora não alterem substancialmente o conteúdo. Em alguns pontos, Vianna chegou a escrever o novo texto em folhas avulsas e depois as colou sobre o original. Tática que impede a perfeita confrontação do novo texto com o anterior, sepultado este pelo papel e pela cola. Ao se estabelecer o presente texto, a preocupação foi observar a máxima fidelidade ao original, mas respeitando as alterações e revisões do autor.

Sebastião Milaré

CRONOLOGIA

1894. A 31 de março, nasce Renato Vianna, no Rio de Janeiro, filho de José Gonçalves Vieira Vianna e Adelina de Mendonça Fleury.

1903. A família muda-se para Belém, onde Renato viveu até a adolescência, indo a seguir para Manaus e depois para Fortaleza.

1913. Casou-se com Elita Cordeiro, filha de conhecido político de Fortaleza, com quem teve um filho, Ruy, e uma filha, Maria Antonieta, que posteriormente assumiria o nome artístico de Maria Caetana.

1917. Como secretário pessoal de Antônio Carlos Ribeiro de Andrade, mudou-se para Belo Horizonte. No final do ano, foi nomeado a um cargo na Casa da Moeda, transferindo-se com a família para o Rio de Janeiro.

1918. Estreia como dramaturgo com a peça *Na voragem*, montada pela Companhia Dramática Nacional, de Gomes Cardim e Itália Fausta.

1919. Estreia de *Salomé*, pela Companhia Dramática Nacional.

1920. Estreia de *Os fantasmas*, pela Companhia Dramática Nacional.

1921. Estreia de *Luciano, o encantador*, pela Companhia Leopoldo Fróes.

1922. Estreia de *A última encarnação do Fausto*, pela Companhia Batalha da Quimera.

1924. Estreia de *Gigolô*, pela Companhia Leopoldo Fróes. Nesse mesmo ano funda a Companhia Brasileira de Comédia – Colmeia, em São Paulo.

1928. Funda a Companhia da Caverna Mágica, no Teatro Cassino Beira-Mar, associado ao poeta Paschoal Carlos Magno e ao artista plástico e jornalista Roberto Rodrigues.

1929. Volta a residir em Fortaleza, retornando ao jornalismo e à advocacia.

1930. É nomeado secretário do governo provisório do Ceará, presidido por Fernandes Távora.

1931. Estreia de suas peças *A última conquista*, pela Companhia Procópio Ferreira, e *Divino perfume*, pela Companhia Jayme Costa.

1932. Funda o Teatro de Arte, no qual estreia *O homem silencioso dos olhos de vidro*.

1933. Estreia de *Monalisa*, pela Companhia Jayme Costa.

1934. Funda o Teatro-Escola, com o patrocínio do governo Getúlio Vargas, instalado no Teatro Cassino Beira-Mar, estreando com sua polêmica peça *Sexo*.

1935. Sofre intensa campanha difamatória no Rio de Janeiro, assim mesmo abre a segunda temporada do Teatro-Escola com sua peça *Deus*. No segundo semestre, realiza temporada do Teatro-Escola em São Paulo, recebendo homenagens de intelectuais e artistas.

1938. A 26 de março inicia no Teatro Santa Isabel, Recife, a primeira "missão dramática", que se estendeu por capitais dos estados do Norte e Nordeste até dezembro do mesmo ano.

1939. Temporada no Teatro Ginástico, Rio de Janeiro, em que estreia *Margarida Gauthier*. No segundo semestre, excursiona pelo estado do Rio Grande do Sul, estreando em Porto Alegre a peça *Getúlio*. No final do ano, inicia a segunda "missão dramática" pelo Norte e Nordeste.

1942. Inaugura no Teatro São Pedro, em Porto Alegre, a Escola Dramática do Rio Grande do Sul.

1943. Funda o Teatro Anchieta, no bairro dos Navegantes, em Porto Alegre, para onde transfere a Escola Dramática do Rio Grande do Sul.

1945. Temporada do Teatro Anchieta no Ginástico, Rio de Janeiro, com repertório que inclui peças de Florêncio Sánchez, Ibsen e uma adaptação de *Crime e castigo*, de Dostoiévski.

1947. Última "missão dramática", realizada com o Teatro Anchieta pelo Norte e Nordeste.

1948. Nomeado diretor da Escola Dramática Municipal, fundada por Coelho Neto em 1908, que estava em completo abandono. Transfere-a para o Teatro Municipal, forma corpo docente de alto nível, incluindo Tomás Santa Rosa, Luiza Barreto Leite e José Oiticica, e muda-lhe o nome para Escola de Teatro Martins Pena.

1950. Transfere a Escola para o Solar do Rio Branco, à rua 21 de Abril, n? 14, onde se encontra até hoje.

1951-52. Dirige alunos da Escola Martins Pena em *Édipo*, de André Gide, e *Um inimigo do povo*, de Ibsen, apresentadas no Teatro Municipal do Rio de Janeiro.

1953. A 23 de maio faleceu no Rio de Janeiro, vítima de problemas cardíacos.

NOTA SOBRE A PRESENTE EDIÇÃO

Texto de acordo com o manuscrito de Renato Vianna, exemplar utilizado pelo ponto Mário Ulles na montagem de 1922, com revisões e alterações posteriores, manuscritas sobre o original pelo próprio autor.

A ÚLTIMA ENCARNAÇÃO DO FAUSTO

Drama estático-musical em três atos

Estreou a 16 de dezembro de 1922,
no Theatro São Pedro, Rio de Janeiro,
com o seguinte elenco:

Eduardo	Antônio Ramos
Antônio	Mário Arozo
Mefisto	Renato Vianna
Ilda	Lucília Peres

Música e direção musical de Heitor Villa-Lobos
Cenários de Mário Túlio
Eletricista – Cadete
Ponto – Mário Ulles
Ensaiador – João Barbosa
Encenação de Renato Vianna

PERSONAGENS

EDUARDO (O ARTISTA/FAUSTO)
ANTÔNIO (O ESCUDEIRO)
MEFISTO (O HOMEM)
ILDA (ESTÁTUA NUA)
APARIÇÕES

CENÁRIO

Um estúdio suntuoso, abrindo para uma *terrasse* com colunas. Estátuas, estatuetas, *bric-à-brac*. Mobiliário estilo império, pesado e escuro, mogno e frisões de ouro. Uma ampla secretária de pau-preto e cadeira abacial. Sobre ela, jarras com flores, bustos pequenos em bronze e cobre, livros empilhados. O chão, todo coberto de tapetes. Divã profundo. Coxins, *fauteuils*, candeeiro elétrico estilo Adam's, com abajur verde. O salão deve ser rigorosamente moderno, paredes decoradas, *vitraux*. Cortinas também estilo império, verde e ouro. Outros livros, aqui e acolá. Uma galeria de retratos. Lá fora, para além da *terrasse*, um parque de alamedas silenciosas e longas. E sobre o parque, alagando as árvores e pulverizando o silêncio, uma lua cheia de agosto. Bem ao centro do estúdio, coberta por uma tapeçaria, uma estátua.

PRIMEIRO ATO

(*Descerra-se o* velarium. *A cena está deserta e iluminada pelo abajur verde. Meia-sombra. Destaca-se a* terrasse, *lavada de luar... Um luar de sonho, com cintilações de mármore e que vai penetrando o lusco-fusco do estúdio. Depois de um momento, um homem elegantíssimo aparece entre o reposteiro de uma das portas. Vem de casaca,* pardessus, *chapéu, luvas e bengala. Segue-o um Escudeiro, a rigor. O homem elegantíssimo dá a bengala e o chapéu ao Escudeiro, que, depois de ir colocar as duas coisas sobre uma cadeira, volta para despi-lo do* pardessus.)

O Escudeiro
Toma o chá?

O Artista
E licor. (*O Escudeiro curva-se e sai, levando no braço o* pardessus, *e da cadeira o chapéu e a*

bengala. O Artista vai lentamente descalçando as luvas defronte do luar da terrasse. *Em seguida, vai recostar-se no divã profundo, atirando as luvas para cima de um móvel. Entra o Escudeiro, trazendo uma ampla bandeja de prata, com um serviço em louça de Sèvres e uma licoreira. O Escudeiro, depois de arrumar tudo sobre uma pequena mesa oval, vai abrir a luz do lustre.)* Que vais fazer, Antônio?

O Escudeiro

Luz, excelência!

O Artista

Detém-te, sacrílego. A luz foi feita no princípio do mundo. Não enxergas um palmo diante do nariz? É o bastante! Não queiras enxergar mais. (*O Escudeiro, cumprindo a ordem do Artista, detém-se. E vem avivar o chá no bule de Sèvres. O Artista levanta-se.*) A luz, a verdadeira luz é que eu quisera encontrar! (*Contemplando a terrasse enluarada:*) A luz do luar é fria... É uma luz que morreu... O seu espírito, a sua chama onde andará? Eu penso que a morte deve ser um luar constante. (*Dirige-se ao Escudeiro, que aguarda perfilado. Toma de uma chávena, deita-lhe um torrão de açúcar. O Escudeiro serve o chá que o Artista vai tomar, de novo recostado no divã. Continuando:*) Não pensas como eu, Antônio? Que te parece que seja a morte? (*O Escudeiro tem um gesto de dúvida.*) A dúvida, bem sei. Todos os sábios são da tua opinião! (*Durante um silêncio o Artista toma o chá, e depois o licor que o Escudeiro lhe oferece.*)

O ESCUDEIRO

Fuma?

O ARTISTA

Sim! (*O Escudeiro vai buscar em uma das gavetas da secretária a caixa de charutos. Oferece ao Artista uma pequena tesoura, com que ele corta a ponta do charuto. Feito o quê, o Escudeiro acende um castiçal esguio, que entrega ao Artista. Depois de acender o charuto:*) Já viste coisa mais bela do que uma chama? Repara meu velho... (*O Escudeiro aproxima-se respeitoso.*) Olha, é uma palma vitoriosa de luz... E se tu fosses um artista, como eu sou, esta pequenina chama te revelaria um mundo. Que imaginas? Queres tu saber quantas coisas me sugere esta frágil labareda, que o teu sopro apagaria? Escuta: vejo agora, nesta espiral mais alta, uma ânsia humana... Agora, a perfeita expressão de uma angústia, de uma dor... (*Ouve-se um gemido alucinante.*) Chego a ouvir um grito desesperado, que se abafa no silêncio em que tudo acaba... E agora, meu pensamento... Agora ele é chama? Sim, bem vejo: a mulher ideal, a mulher perfeita, que eu conheço, que eu já vi, que eu jamais encontrarei... Vê, vê, Antônio, como é linda! O azulado que se nota é o das suas veias, como nos mármores clássicos... E ela fala... E ela canta... (*Ouve-se longínquo um doce canto feminino.*) Ouves? (*Durante todo esse solilóquio, a vela arde no castiçal esguio, sobre a mesa. Agora o Artista se queda em concentrado silêncio, a ouvir a voz da chama.*) Como é suave a voz! O arminho não é mais doce, ouves? (*O Artista delira no seu sonho e o Escudeiro, pobre argila bruta, não compreende a vida sublime desse minuto fantástico. E fica a contemplar o Artista com o mesmo ar desolado com que se contempla a um louco. Prosseguindo, no êxtase:*) Não, não, tu não podes ouvir porque os teus ouvidos não ouvem as vozes mudas... Como tu és bem infeliz, meu velho... Não poder ouvir – não perceber esta voz maravilhosa... (*A voz cada vez mais longínqua, vai sumindo.*) Esta voz que vai morrendo... que vai morrendo... (*A voz emudece.*) Esta voz, que emudece, enfim! E acaba, como toda a beleza. Ah, meu velho, como tu és feliz e eu te invejo! Como tu és feliz, Antônio, por seres surdo a estas vozes fantásticas, estas belezas que passam... e morrem sem ter vivido! (*Toma do castiçal e faz uma evocação à chama.*) Oh!... Fogo... Luz! Chama sagrada! Espírito e síntese da vida! (*O Escudeiro toma definitivamente uma atitude sombria, busto vergado para o chão, como quem assiste aos últimos instantes de uma criatura irremediavelmente perdida. O Artista prossegue:*) Luz! Revela-te a mim! Surge, vem a mim! Dá-me o teu segredo! Imprime na minha alma o teu gênio. (*Orquestra. A música deve interpretar a "Evocação da Chama", descrevendo as ideias do Artista. Prossegue:*) Luz! Princípio imortal da vida! Fogo! Arma olímpica dos deuses! Espírito infernal dos raios, dos ventos e das tempestades! (*A orquestra descreve uma tempestade. O Artista prossegue:*) Gênio de Prometeu! Incêndio! Paixão! Oh, chama! Divina chama! És a vida e a morte! O começo e o fim! Luz! (*Soprando a chama, que se apaga.*) És trevas! (*Cessa a orquestra e o Artista, fatigado da exaltação do seu delírio estético, cai de bruços sobre a mesa, aos pés do castiçal ainda fumegante.*)

O Escudeiro
(*depois de um silêncio*)
Meu senhor, sente-se mal? Quer que o acompanhe ao leito?

O Artista
(*como despertando de uma síncope*)
Receias que eu esteja louco?

O Escudeiro
Meu querido senhor!

O Artista
Vai-te em paz, Antônio!

O Escudeiro

Quer que cerre a vidraça?... O frio da noite pode fazer-lhe mal...

O Artista

Deixa que entre o luar e lave a casa... Boa noite, excelente Antônio!

(*O Escudeiro curva-se resignado. Toma da bandeja e sai. Então, o Artista, depois de um momento, empurra a otomana para defronte da terrasse. Fecha a luz do abajur. O luar expande-se por toda a cena, como uma forte projeção de holofote. Um luar mágico, fantástico, absolutamente teatral. O Artista descerra a tapeçaria da estátua, que resplandece no mármore fluídico do luar. E senta-se na otomana, que deve ficar de modo que o artista dê as costas para o fundo, mas vis-à-vis à estátua, na contemplação da sua obra, sob o clarão do luar. Observação: A estátua é uma vaga forma de mulher nua, apenas recatada por uma gaze diáfana, que lhe cai da altura dos seios até aos pés, que se não chegam a delinear, mas ainda é a mesma gaze enrodilhando num desalinho perdulário, o que deve formar justamente a base da estátua. A mulher está de pé, com os braços estendidos para trás, a amparar a cabeça voltada sobre a face esquerda, numa atitude lânguida de quem se espreguiça, os seios entumecem-lhe, calçados pelos fofos da gaze, mas completamente desnudos e esculpidos. A fisionomia, porém, é vaga, confundida na cabeleira abundante e apenas repuxada de leve para o alto da cabeça. Há um momento. A estátua deve estar bem à vista do público, focalizada pelo luar. O Artista sonha. Entretanto alguém aparece ao fundo. É um homem que bate três vezes no chão, com a bengala. Como ninguém fala, o homem repete o sinal, mais duas vezes.)*

O Artista
(*na última pancada da terceira vez*)
Quem está aí?

O Homem
(*ao mesmo tempo que torce o interruptor do lustre, iluminando o estúdio*)
Ora, até que enfim desperta o profundo sonhador!

O Artista
(*subitamente de pé, numa surpresa*)
Quem é o senhor? (*O homem sorri um sorriso infernal. É também um sujeito elegantíssimo, trajando casaca e trazendo também cartola, bengala. Ao invés do* pardessus, *veste uma capa negra e longa. Sem se alterar com a pergunta do Artista atônito, o homem descansa tranquilamente sobre uma cadeira a bengala e a cartola. E começa a tirar as luvas, fuzilando sobre o*

outro o seu monóculo atrevido e continuando a sorrir o seu sorriso diabólico.) Responda quem és?!

     O Homem
    (*sereno e requintado*)
Pois não vê?... Um homem!

     O Artista
O seu nome?

     O Homem
Qualquer que lhe agrade... Não faço questão!

     O Artista
Um ladrão?

     O Homem
    (*despindo a capa*)
De casaca. Não há que recear, portanto. Sou um símbolo social. (*E pela primeira vez, mas sempre sorrindo e calmo, o Homem avança um passo.*)

     O Artista
  (*sacando um revólver e apontando*)
Se avançar mais um pouco, disparo!

     O Homem
  (*fazendo o mesmo e com a mesma
     tranquilidade*)
Também uso. Ambos vivemos em sociedade.

O Artista
Diga por onde entrou.

O Homem
Por uma porta!

O Artista
Estava aberta?

O Homem
Estava fechada!

O Artista
Arrombou-a?

O Homem
Seria banal. Abri-a!

O Artista
Como?

O Homem
(*sacando da algibeira, com a mão esquerda, um molho de chaves*)
Para abrir portas fechadas, foi que a civilização inventou as chaves falsas...

O Artista
Diga imediatamente o que quer... Roubar-me?

O Homem
No sentido legal. Sou comerciante...

O Artista
Explique-se de uma vez, senhor!

O Homem
Assim, diante de um revólver, não há tempo para uma explicação. Exige-se apenas atenção... (*O seu sorriso atinge um requinte diabólico. E depois de um instante, fuzilando sobre o artista o seu olhar magnético.*) Venho salvá-lo! (*Guardando a arma com indiferença.*) Agora, não há perigo. Interesso. E no interesse repousa todo o fundamento da filosofia moral. Se todos os homens fossem úteis não haveria o homem delinquente. Por enquanto estou salvo do necrotério. (*Com a sua tranquilidade, o Homem encaminha-se até a secretária, examina por alto, dá com a caixa dos soberbos charutos Havana.*) Havana? Permita que eu tenha a satisfação de oferecer-me um charuto... (*E o Homem misterioso começa a acender o charuto. O Artista, ainda com a pontaria em alvo sobre ele, sente-se agora ainda mais curioso do que surpreso.*)

O Homem
(*soltando a primeira baforada*)
Não o fatiga a posição? (*Sacando novamente o seu revólver e colocando sobre a mesa.*) Aqui lhe entrego o meu... E vou começar o meu discurso. (*Senta-se à vontade. O Artista aproxima-se da mesa e coloca a sua arma ao lado da outra, de sorte que ambas lhe fiquem às mãos.*)

O Artista
Fale, senhor! Na certeza de que se sairá mal se tentar iludir-me com a sua artimanha.

O Homem
Ora, ainda bem. Sabia que acabávamos assim!

O Artista
Diga quem é!

O Homem
Meu pobre amigo! Não me conheces mais! Como é ingrata a memória humana! (*Tira do bolso um espelho em forma de carteira e o oferece ao Artista.*) Lembras-te deste espelho?

O Artista
(*aceitando o espelho com desconfiança, mas logo se transformando*)
Que vejo? Uma mulher? E viva! Que reflexo diabólico é este?

O Homem
Perfeitamente o mesmo com que procuras animar a tua pobre estátua de pedra. Não sei de que te espantas, meu feiticeiro do mármore.

O Artista
(*elevando-se*)
Mas esta é a mais bela mulher da terra!

O Homem
Em algum dia já me disseste o mesmo.

O Artista
Eu? Quando?... Onde?

O Homem
A data não importa. Perde-se na poeira dos séculos vividos. O lugar é mais fácil evocar-te. Vou tentá-lo... (*Enquanto isso o Artista contempla o espelho. Prossegue:*) Cercanias de Weimar... Talvez! Alemanha!

O Artista
Alemanha? Deliras... Nunca me perdi por lá.

O Homem
Tem graça. Como pretendes saber da tua vida nos séculos remotos?

O Artista
Nos séculos remotos?

O Homem
Que espanto?! Vejo que acreditas no metapsiquismo!

O Artista
(*empolgado pela magia do espelho*)
Entretanto, eu conheço esta mulher!... Eu já vi esta mulher... E como ela é bela!

O Homem

Deixa-me evocar... Weimar. Pelo mapa daquela época, era Alemanha... Hoje, uma coisa e outra desapareceram... Alemanha e mapa. Retrogadamos ao caos. Enfim: um ponto qualquer no espaço e no tempo. Tu eras um velho trôpego, e estavas quase louco como neste momento. E eu salvei-te, tal qual esta noite. Recebeste-me mal, como agora o fizeste. (*Examinando o estúdio.*) Noto apenas uma diferença no ambiente que te honra. Lá havia uma câmara gótica, em abóbadas muito altas e úmidas... uma cela... um cárcere... Apenas uma fresta, que não dava quase para passar um raio de luar... (*O Artista vai abandonando o espelho, admirando-se de mais em mais, a cada palavra do Homem. Ele continua:*) Muito diferente mesmo, para melhor! O teu século está mais requintado e elegante. Por exemplo: não me desagrada esta casaca. Nem este monóculo. Todavia não divaguemos, que é para melhor nos concentrarmos. Lá, eu fui encontrar esqueletos; aqui encontro estátuas. É muito mais helênico, não há dúvida. Lá, havia alfarrábios, pergaminhos, retortas, traças e ratos, inclusive aquele que me salvou, roendo o pentagrama.

O Artista
(*recuando com pavor*)

Tu?

O Homem
(*tranquilo*)
Vejo que me ajuda a tua memória... Mas já que chegamos ao meio, é melhor irmos ao fim... Aqui há flores, alegria, ar, luz e certas belezas sutis nestes *bric-à-brac*... (*Atirando-se ao divã.*) E este móvel é soberbo... que molas... que indolência! É quase uma alcova...

O Artista
(*num grito*)
Satanás! (*Ao mesmo tempo a orquestra, que sugestionará este pedaço do diálogo.*)

O Homem
(*levantando-se*)
Foi meu pai!

O Artista
Mefisto!

O Homem
Sou eu.

O Artista
(*no auge da surpresa e como quem se reconhece a si mesmo, depois de um pesadelo ou de um delírio*)
Fausto! Fausto!

O HOMEM
És tu! (*O Artista cai em exaltação. O Homem, sorrindo o seu sorriso diabólico, cruza vitoriosamente os braços. A música mais forte.*)

O ARTISTA
(*indo ao espelho e mirando-se*)
Esta mulher, então... (*Senta-se na secretária e a mira em exaltação:*) Margarida? Margarida?

O HOMEM
(*impassível*)
Ela!

O ARTISTA
Sim, és tu! És tu, a mulher perfeita! És tu, a beleza! És tu, o meu sonho de amor e de infinito! És tu, esta ânsia de luz que eu bem sentia remota nos arcanos de minha alma! És tu, a verdadeira luz! És tu, a forma eterna, o próprio espírito imortal. Achei-te... Achei-te, Margarida!

(*E o Artista, exausto pela sensibilidade, verga o busto sobre a mesa, abraçado ao espelho, em soluços. O Homem, na calma atitude, contempla-o um momento. E a música, depois de sublinhar este momento, cessa.*)

MEFISTO
(*aproxima-se de Fausto*)
Lázaro, levanta-te!

FAUSTO
(*ergue-se trêmulo e dá alguns passos,
hesitantes, como quem desvairou*)
O que queres ainda de mim, espírito perverso?

MEFISTO
Sempre o mesmo egoísta. Não mudaste. Evocas-me, corro em teu auxílio, arrisco-me ao teu revólver e por fim me excomungas!

FAUSTO
Queres outra vez a minha alma?

MEFISTO
Sempre o mesmo ingênuo. A tua alma? Que é lá isso? Quem acredita em almas ainda hoje? Quero o teu dinheiro. Tu és rico. Reparte-o comigo.

FAUSTO
Com que direito mo pedes?

MEFISTO
Com o direito que a tua sociedade se arroga de condenar os que roubam. Venho propor-te um negócio banal de compra e venda. Comércio legítimo! Troca de capitais, como convém a dois cavalheiros da nossa roda. Tu me dás metade da tua fortuna, que eu te darei uma fortuna

inteira. Como vês, uso honestamente da linguagem do mais honesto industrial da praça quando propõe a sua mercadoria.

FAUSTO
Abandona de vez os teus sortilégios. Que queres?

MEFISTO
Vender-te um ideal. Agora sou comerciante de ideais.

FAUSTO
Antigamente eras mais nobre... Lutavas por um ideal!

MEFISTO
Antigamente!... Antigamente é uma palavra vã no tempo. Falemos do presente, que é a hora única da vida. Tudo o mais é hipótese. Como toda criação e toda criatura eu também evoluí... Antigamente eu colecionava almas, porque as almas eram o *bric-à-brac* de antigamente. Era moda. Como tal, passou... É provável que volte ainda, porque a evolução é um círculo vicioso... Neste momento, porém, é mercadoria avariada, e uma alma não vale um marco no câmbio atual. Hoje, coleciono notas de banco e prefiro o dólar. O dinheiro é a magia moderna. Uma carteira recheada, hoje, vale mais do que todos os caldeirões de Shakespeare, no quarto

ato do *Macbeth*. Se ainda existisse o Olimpo e ainda existisse Júpiter, bastavam os bancos de Nova York para o depor do trono. O dinheiro é a majestade contemporânea dos domínios universais. Dispõe de tudo e tudo compra; homens e consciências, mulheres e virgindades. Dá golpes de estado na justiça e manda deportar o direito. Assim, eu, que sempre me considerei, segui a mutação do mundo, adaptando-me ao meio, como bom discípulo de Taine. Hoje sou como todo homem de juízo, um corretor, um intermediário, um agente, um *profiteur*, que é a última conquista nos postos avançados das especulações. E que julgas tu? O meu ideal é o do melhor estadista moderno: dinheiro, fortuna. Rico, com dinheiro nos bancos, um ou dois automóveis e algumas amantes casadas, estarei legalmente autorizado a corromper... Portanto, estarei no meu elemento de todos os tempos... espalhar pela terra afora as irresistíveis seduções do mal.

FAUSTO
(*como alheado*)
As irresistíveis seduções do mal!

MEFISTO
O Mal é a única virtude humana, meu amigo. O Bem não existe... Ou, então, é o próprio Mal que é o Bem. Não confundamos. Em linguagem científica, não filosofemos. Bons são os

santos, que são fictícios. Bons são os inofensivos, que são os paralíticos e os cretinos. A bondade é uma figura de retórica inventada pelos hipócritas... A felicidade está no prazer, e isto é a sentença dos sábios mais sublimes do teu século. Ora, o prazer é um estado mórbido, é um mal. Só os insensíveis são naturais e conscientes. Perdoa os paradoxos, que são também uma novidade do teu século. São uma novidade e uma necessidade, porque a vida e os sentimentos atingiram a uma tal orgia de aspectos, que só o paradoxo é capaz de sintetizá-la. Eu posso baralhar a minha teoria, mas a culpa é ainda da cultura moderna, que me encheu desse mau costume, dificultando a exposição das coisas mais simples. Enfim, quero dizer que o Mal é positivo, e que todo Bem é negativo, parodiando Schopenhauer...

FAUSTO
Quer dizer que toda a dor é um prazer?

MEFISTO
Quero dizer o contrário... que todo prazer é uma dor. Ambos são elementos consubstanciais do mesmo todo. Exemplo: Tu... qual é o teu prazer na vida?

FAUSTO
A minha arte!

Mefisto
Perfeitamente. E a tua dor?

Fausto
Não conseguir realizar a minha arte!

Mefisto
Retórica! Não conseguir realizar a tua arte é ainda um sentimento dessa arte... é essa arte em si mesma. Logo, a arte que te dá prazer é aquela que te dá a dor. O motivo é um só, idêntico. Mas uma última pergunta para o meu argumento: Desejarias que eu te transformasse num cretino, incapaz de sentir a tua arte?

Fausto
Blasfêmias!

Mefisto
Não blasfemo... Provo. Neste caso, o teu prazer é sofrer.

Fausto
Pelo meu sonho, sim!

Mefisto
Não importa a causa. Importa o efeito, que é a lógica. E esta acaba de evidenciar-nos que o Mal é o próprio Bem. Sendo eu o espírito do Mal, como me reconhece a convenção humana,

concludente que eu sou o próprio espírito da vida. Sou o Deus universal, hoje como ontem, como amanhã, como em todos os tempos do passado e do futuro. (*Aproximando-se.*) Entrei aqui para te oferecer um dom da minha onipotência. Entrei aqui para te salvar. Que queres?... Sou eu quem pergunto agora: Quanto pagas?

Fausto
(*indeciso*)
Ah! Se tu fosses em verdade esse espírito infernal!

Mefisto
A dúvida! Sempre a dúvida a estiolar a expansão da beleza!... Homem, crê... No Diabo ou em Deus, mas crê...

Fausto
Ah! se fosses o mágico diabólico... Ah! se fosses Mefisto!

Mefisto
Duvidas?

Fausto
(*profundamente hesitante*)
Não sei... não sei...

Mefisto
A dúvida até da própria dúvida! (*Indicando sobre a mesa o espelho.*) E o espelho?

FAUSTO
(*tomando o espelho*)
Ah, sim, o espelho. (*Mirando-se.*) Onde está o reflexo maravilhoso? Onde está Margarida? Não a vejo mais.

MEFISTO
Ela aguarda o meu sinal. Duvidas ainda? Dizes: que queres?

FAUSTO
(*desalentado, abandonando o espelho*)
Viver... Viver!

MEFISTO
É vago! O sapo também vive!

FAUSTO
Viver em êxtase!

MEFISTO
É místico! Basta entrar para um convento. Homem tímido! Honra à tua inteligência, à tua fortuna e à minha sabedoria! Escolhe um dom divino!

FAUSTO
Dá-me então o fogo sagrado que condenou Prometeu ao Cáucaso.

MEFISTO
É possível. Vejamos. Prometeu roubou aos Deuses o fogo sagrado, na ânsia de animar a sua obra de beleza perfeita. Será este o teu sonho?

FAUSTO
(*com arrebatamento, encaminhando-se à estátua*)
Sim! Sim! A beleza perfeita!

MEFISTO
Mas, em negócios, o principal é a clareza. Queres a perfeição plástica da tua obra? A perfeição clássica?

FAUSTO
Não, não! Essa é efêmera e monótona! Fatiga depressa. Passa com o minuto que passa! Eu quero a perfeição absoluta, perfeição moral, que seja eterna, que seja o espírito mesmo do Infinito, do ser ou não ser, da vida e da morte!

MEFISTO
É estranho! Pelo menos, é nada contemporâneo do neo-helenismo da matéria, que agita a inteligência moderna. Sou chamado a toda hora pelo telefone ou pelo telégrafo para ministrar a perfeição da carne, a beleza dos corpos, a estética das formas, as injeções do sensualismo. E, francamente, nunca pensei encontrar neste ambiente tão moderno, e num artista tão civilizado,

o mesmo Fausto da câmara gótica e dos laboratórios, ensandecido pela ânsia do Infinito. Em todo o caso a minha função é a de comerciante, satisfazendo a todos os paladares. Não tenho dúvida alguma em fechar o negócio.

FAUSTO
És capaz?

MEFISTO
Depende das condições...

FAUSTO
Dou-te a minha fortuna, dou-te a minha vida a prazo, como outrora. Porque eu já desesperava de viver e tinha horror da morte sem ter vivido ainda! Tenho 35 anos e já envelheci um século... Percorri uma a uma todas as filosofias e debalde interroguei a ciência...

MEFISTO
Que impressão da viagem?

FAUSTO
Secura. Aridez profunda!

MEFISTO
Faço uma ideia pálida!

FAUSTO
Compreendi, então, que a verdadeira ciência está no Infinito, que a ciência ainda não desven-

dou, nem explicou... E compreendi, ainda, que para sentir o Infinito a arte é infinitamente maior e mais bela do que a ciência... E dei a minha alma à arte... E dei-lhe a minha vida, o meu sangue, a minha inteligência, a minha vontade, o meu sacrifício... E comecei a arrancar do mármore bruto esta estátua. Mas, que pequenez!... Que aleijão! (*Exaltado.*) Eu não quero a tua forma, pedra miserável, pedra brutal! Eu quero o mistério cósmico do teu elemento, a tua força invisível, ó Matéria! Quero! E a minha inteligência há de descobrir-te o veio latente! (*A Mefisto:*) E tu, quem quer que sejas, ilusão ou verdade, Deus ou o Satanás, se és com efeito o milagre dos céus ou dos infernos, Divindade Mística, santificada ou diabólica, acende-me neste cérebro a visão maravilhosa e imortal, e neste mármore nu o fogo sagrado de uma palpitação!

Mefisto
Sou forçado a repetir-te hoje as mesmas perguntas do nosso primeiro pacto: para que tantas palavras inúteis? Para que este caloroso arrebatamento? Em negócios, quanto menos palavreado melhor.

Fausto
Pede o meu sangue!

Mefisto
Não! Prefiro pedir-te um cheque!

Fausto
De quanto?

Mefisto
Deixa-me calcular... (*Reflete:*) Estás precisando de uma fórmula dupla. Dois soros fatais: Ideia e Imaginação. Para concepções do Infinito, da Vida, do Amor e da Morte, posso afiançar-te que não há melhor na praça. O efeito é milagroso! Ora, Ideia e Imaginação são duas drogas pouco procuradas hoje em dia. O forte da minha indústria é o Erotismo, que se está vendendo mais do que a própria cocaína e a morfina... Penso mesmo que já há um delírio erótico a alucinar as civilizações. (*Concentra-se:*) De maneira que... (*Resoluto:*) Sou honesto! Vendo-te isto barato... Um milhão de libras!

Fausto
Vale... (*Sem hesitar assina o cheque.*)

Mefisto
Dá para amortizar a conta do alfaiate, que já me faz caretas...

Fausto
Ei-lo... (*Entrega o cheque a Mefisto.*)

Mefisto
(*examinando atentamente o documento*)
Desculparás esta insolência... Não é desconfiança, mas uma questão de princípios... (*Con-*

tinua a examinar:) Bem sei que não me passarias um cheque falso; mas já da primeira vez, lembras-te? Saí logrado no fim das contas... Jeová blefou-me, com toda a sua barba veneranda... (*Dobra o cheque:*) Está certo. (*Guarda na carteira o documento:*) Magnificamente!

FAUSTO
E agora? Pertenço-te?

MEFISTO
Hoje os processos são todos contrários... Sou eu que te pertenço... Selemos o pacto com um abraço! (*Abraça Fausto.*)

FAUSTO
Que devo fazer?

MEFISTO
Apagar esta luzerna, antes do mais. (*Aponta o lustre, cujo interruptor Fausto vai fechar, voltando a cena à meia-sombra do abajur verde e do luar.*) Não me parece que esta mesma seja necessária com um luar de agosto... Não te esqueças que estamos em agosto. (*E fecha ele mesmo o abajur verde:*) Vê que lindo luar. Magnificamente... *Comme il faut* (à parte). Nestes momentos solenes é de bom-tom falar alguma coisa em francês. (*Silêncio. O luar ilumina a cena. A música rompe em surdina:*) Em que pensas?

Fausto
Em ti!

Mefisto
Tens medo?

Fausto
Não!

Mefisto
Estás disposto ao sacrifício da tua vida, pela Beleza Perfeita?

Fausto
Sim!

Mefisto
Jura-o ainda uma vez.

Fausto
Sim!

Mefisto
Pela terceira vez...

Fausto
Sim!

Mefisto
Dá-me um pouco de água num copo! (*Fausto obedece.*) Senta-te aqui. (*Fausto senta-se na*

otomana enquanto Mefisto vai à escrivaninha, acende o abajur e tira do bolso um vidrinho verde.) Dez gotas... (*Pinga dez gotas na água do copo.*) Uma... duas... três... nove... dez... (*Arrolha o vidrinho e guarda-o. Em seguida, apondo as mãos sobre o copo, pronuncia uma oração cabalística:*) Sibilas, Sibilas... Sibilas! Esta é a Ideia... é o meu corpo. (*Saca do outro bolso novo frasco branco:*) Vinte gotas. (*E filtra vinte gotas na água do copo:*) Uma... duas... três... nove... dez... quinze... vinte! (*Arrolha o frasco e guarda-o. Repete a mesma oração cabalística, apondo as mãos.*) Sibilas, Sibilas... Sibilas! Esta é a Imaginação... é o meu sangue! (*Fecha a luz do abajur e dirige-se a Fausto:*) Bebe! (*Fausto tem acompanhado com surpresa e atenção a cena. A música prossegue na surdina.*)

Fausto

Que vou tomar?

Mefisto

Veneno!

Fausto

Dize o que vai acontecer? A tua feitiçaria enoja-me!

Mefisto

Nada receies. Os médicos não fazem outra coisa se não envenenar a humanidade. Entretanto, têm o título de curandeiros. Bebe! (*Fausto hesita.*) É néctar.

Fausto
(*esvaziando o copo*)

É fel!

Mefisto

Essa impressão é a da última gota...

Fausto

Mas conseguirei o meu Ideal?

Mefisto

Fatalmente! Esta fórmula não falha. Chegarás a ser Perfeito. Encontrarás a Perfeição que procuras.

Fausto
(*exultante*)

Como?

Mefisto

É um segredo de magia. Se te revelasse, ela resultaria inútil.

Fausto

E se tu fores um charlatão miserável?

Mefisto

Eis aí uma pergunta que tu nunca dirigiste ao teu médico...

Fausto
Enfim...

Mefisto
Mas firmo contigo um pacto de honra... e Satanás sempre foi um cidadão honesto. Aparecer-te no momento "sublime", para receber uma gratificação...

Fausto
Entrego-me a ti, espírito infernal.

Mefisto
O eterno palavreado. Senta-te e dorme!

Fausto
Dormir?

Mefisto
Para o mundo, dormir é fechar as pálpebras. Antes, porém, há um pormenor de ritual, que não podemos esquecer. Para o Mal, a Perfeição é uma condenação. É a guilhotina, é a forca. És, neste minuto, um condenado à Morte. Dize, pois, as tuas palavras finais.

Fausto
(*sublime*)
Que eu durma profundamente para a futilidade humana... e acorde em ti, Beleza Suprema!... (*E Fausto cai em concentração na otoma-*

na. A música ascende mais e mais. Mefisto vai buscar a sua capa e enrola-se todo nela. Depois, diante de Fausto, começa os "passes" mágicos. Primeiramente sobre as pálpebras com as pontas dos dedos. Depois de alto a baixo, e fluidicamente, como se lhe salpicasse punhados de uma poeira invisível. Cessa a surdina musical.)

MEFISTO

Que cada ideia brotada no teu cérebro se transforme na dor de uma coroa de espinhos! E que a tua fantasia, veneno do meu sangue, em sangue te transforme o sabor de mel dos teus beijos de amor! Em nome de todas as sibilas infernais, que a vida seja, para ti, doravante, a visão de uma loucura. (*E Mefisto, cumprida a sua missão, prepara-se para sair. Calça as luvas, põe a cartola, toma da bengala. Tudo muito calmamente, como quando da sua entrada misteriosa. Passa a vista em derredor, aproxima-se da mesa, guarda o espelho:*) Isto é o pano de amostra para outras especulações prováveis. (*Olhando para os revólveres que estão juntos sobre a mesa:*) Qual será o meu? Que coincidência... são iguais... (*Embolsando ambos:*) Na dúvida, levo os dois... (*Enquanto acende outro charuto:*) Um revólver, hoje em dia, é um tambor de celebridade... Dois revólveres devem ser a consagração definitiva! (*Toma uma atitude elegante. Contempla Fausto profundamente adormeci-*

do. Num gesto de saudação:) Artista! Meu eterno Dom João Fausto! Obrigado e... Boa noite!

(*Imediatamente volta a orquestra à surdina, enquanto Mefisto desaparece. Fausto continua imóvel, apenas respirando. Surdamente um relógio ressoa cinco vezes. A luz do luar vai transformando-se. A meia sombra da cena é maior. Da* terrasse, *que se ilumina mais, surgem mulheres vaporosas, em gazes. Desfilam todas em roda da otomana, num suave bailado e desaparecem pelos reposteiros, depois de cada uma deixar um beijo sutil nos lábios de Fausto. A luz do luar, durante estas aparições, deve ser cambiante. Mais outra aparição surge na* terrasse. *Um Mefisto autêntico, de gibão vermelho, espadim e pena de galo, traz pela mão um vulto completamente velado. Fá-lo parar no meio da* terrasse *e começa a modelar no vulto a própria estátua muda do estúdio... Descobre-lhe a cabeça, os braços, o seio... dá-lhe a mesma atitude lânguida da estátua, enquanto a Mulher, estátua viva, sorri. Mefisto agora modela o busto, plasmando a gaze pela forma abaixo, até os pés, formando a base da sua obra viva... Dois cupidos aparecem e trazem turíbulos, com que Mefisto incensa de joelhos a Mulher feita estátua. Por fim, os cupidos levam os turíbulos. Mefisto curva-se ainda numa profunda reverência à Deusa e sai. Entrementes, Fausto na otomana se move. Como que uma angústia começa a sufocá-lo. Na* terrasse, *a aparição é uma estátua imóvel.)*

FAUSTO
(*a meia-voz*)
A Estátua! A Estátua! (*A estátua deixa cair espreguiçadamente um braço.*) Viva! Viva! (*A estátua mostra inteiramente o rosto, a sorrir.*) Não!... Não!... Ah, o espelho mágico... o espelho! (*A estátua estende-lhe da* terrasse *os braços, a sorrir, numa dádiva perdulária de amor.*) Margarida... Margarida... (*A Mulher estende-lhe ainda mais, a sorrir, a chamá-lo com os olhos. Suprema tortura de pesadelo, tentando loucamente levantar-se da cadeira:*) Prenderam-me... Amarraram-me! (*A estátua começa a recuar, sempre com os braços estendidos para ele:*) Espera... hei de romper estas correntes... Margarida! (*A estátua desaparece e, ao mesmo tempo, com ela o luar fantástico, ficando a cena ao de leve iluminada por uma claridade pálida. Fausto, na otomana, continua a fazer esforços hercúleos para quebrar as grilhetas do pesadelo:*) Margarida!... desapareceu... fugiu! E esta treva agora... (*Num gesto de pavor:*) Um abutre... um monstro... Vai devorar-me! (*Roucamente, no auge do pesadelo:*) Socorro... socorro... (*Estrebucha na otomana. Entra a correr o Escudeiro.*)

O Escudeiro
(*acordando o Artista*)
Senhor! Meu senhor! (*O Artista, num estremecimento violento, desperta: o seu primeiro olhar é esgazeado. O Escudeiro, respeitosamente, apontando-lhe a* terrasse:) É dia!

(*Forte na orquestra.* Velarium.)

FIM DO PRIMEIRO ATO

SEGUNDO ATO

(*Toda luz.*)

(*A mesma decoração do primeiro ato, algumas noites depois. Ao subir o pano, Eduardo, o Artista, e Antônio, o Escudeiro, estão a florir profusamente o estúdio, que se nota em rigorosa ordem, iluminado pelo jorro do lustre e do abajur da escrivaninha. Flores e muitas flores... em vasos, sobre os mármores, sobre as mesas, alastrando o tapete do chão, o assento das cadeiras. A Estátua, bem ao centro, descoberta. Eduardo traja calça preta, de listras, sapatos de verniz e um rico paletó de seda com brandemburgos, corretamente barbeado e penteado. Antônio traja casaca. No momento em que se descerra o velarium, Antônio sustenta uma cesta de rosas, que Eduardo vai desfolhando ao longo do divã.*)

EDUARDO
Quero tecer um lençol de rosas para este Altar.

ANTÔNIO
(*escandalizado*)
Oh!

EDUARDO
(*continuando a despetalar sobre o divã*)
De que te espantas, oh, bonzo! Oh! Múmia! (*Antônio tapa o rosto com a mão espalmada para poder sorrir.*) Escandalizou-te o vocábulo, meu reverendo Antônio?

ANTÔNIO
Meu senhor... perdão!

EDUARDO
(*distraído no seu enlevo, desfolha a última rosa*)
A última rosa votiva! (*Enlaçando Antônio pelo ombro e indicando-lhe o divã:*) Anda cá, meu grande amigo, meu verdadeiro amigo... Olha... Não te deixes impressionar pelo que dizem as palavras. O dogma dos vocábulos é uma parede de cartas... Só existe o que se sente e não o que se diz ou o que se escreve... Como se chamam aquelas mesas de igreja, onde ardem as velas diante dos santos?

ANTÔNIO
Altar, meu senhor.

EDUARDO
Tu ajoelhas aos pés de Nossa Senhora, Antônio?

ANTÔNIO
Certamente, meu senhor.

EDUARDO
No entanto, meu velho, o teu altar é uma mesa de pinho e a tua santa uma boneca de gesso. Mas a transfiguração é o milagre da tua fé. Pois bem. Dentro de algumas horas vai sentar-se neste divã a Nossa Senhora da minha fé, que é o meu amor. O amor, Antônio, é a fé mais alta e mais bela do mundo. Aqui eu vou ajoelhar para adorá-la. Aqui eu vou santificar um grande sonho. Aqui tens o meu altar... Que me dizes, meu velho? (*Um momento.*) Não dizes nada?

ANTÔNIO
Posso falar, meu senhor?

EDUARDO
Se podes falar?... Nunca te disse que eras mudo.

ANTÔNIO
Bem sei... Mas sempre se irrita quando procuro abrir-lhe os olhos.

Eduardo
(*que não se descuida da arrumação de tudo, e imprime aqui e ali do estúdio um ligeiro pormenor*)
Porque insistes em cegar-me a alma, bárbaro!

Antônio
Lá dessas linguagens, não entendo...

Eduardo
Pois, quando a gente não entende, fica em silêncio e será um sábio. O que diz alto que não entende é porque tem pretensões a entender – e será um tolo. Entendeste, Antônio?

Antônio
(*grave*)
Entendi, meu senhor! (*E gravemente se cala.*)

Eduardo
(*abstraído em embelezar o estúdio*)
Como é bom viver, Antônio! Como é delicioso sentir a vertigem com os olhos fechados!... (*Dá com a gravidade do Escudeiro:*) Emudeceste?

Antônio
(*vingando-se*)
Quero ser um sábio, meu senhor!

Eduardo
Ficaste magoado comigo, meu velho?... Perdoa...

ANTÔNIO
(*vencido*)
Por quem é, meu senhor!

EDUARDO

Então... não me leves a sério... (*Abraçando-o:*) Hoje não tem valor o que digo, porque digo tudo sem pensar no que digo, porque todo o meu pensamento está fora de mim! Mas eu bem adivinho os teus pressentimentos sombrios, e desejo evitar que espantem os morcegos que dormem dentro de mim... Ah, sim, Antônio, deixa-me viver tranquilo e doido este só momento da minha vida. Antônio! Antônio! Deixa-me viver! (*Senta-se à escrivaninha, contempla com tristeza o abajur verde.*)

ANTÔNIO
(*aproximando-se e arrependido*)
Bem... Bem... Já passou! Eu sou um estúpido! Não é preciso ficar triste... O que eu quero é justamente o contrário, é a sua alegria... é por ela que falo... que me atrevo!

EDUARDO
(*levantando-se*)
Pois saibas que esta é a noite maior da minha alegria... Quero flores... quero muitas flores... quero toda a minha alegria desabrochada em rosas... Antônio, quero rosas. (*Antônio sai a correr buscar mais rosas. Só, à Estátua:*) E tu,

minha pobre estátua, como estás muda! Como sempre foste tão muda! Onde está a beleza do sonho que tu encerras? Morta no gelo do teu mármore? Onde está aquela ânsia que eu te dei? Onde está o ideal que me anunciaste pela voz silenciosa da tua harmonia? Onde está o amor, o grande amor que antegozei na lapidação destes seios que ora me enregelam as mãos? Tudo passou... e tão depressa! Tua nudez evoca-me o assombroso mistério de uma lápide... Oh, triste lápide das minhas ilusões. (*Eduardo tem feito estas cenas sem exaltação, mas com um desalento que ele procura disfarçar de leve ironia e fingido júbilo. Entra Antônio com uma braçada de rosas.*)

Antônio
Mais rosas! (*Espalha-as sobre a mesa.*)

Eduardo
Hei de embriagar de rosas a minha amante... E as horas são lentas e preguiçosas... Quantas, Antônio?

Antônio
(*consultando o relógio*)
Onze e meia!

Eduardo
Esta hora parece que olhou para trás como aquela curiosa mulher de Lot – e petrificou-se

no tempo... Trinta minutos ainda para a meia-noite! Sabes, Antônio, quantos anos eu vou viver nestes trinta minutos de espera? Trinta séculos, Antônio.

ANTÔNIO
Cuidado, meu senhor! Depois...

EDUARDO
Depois?... É tão ilimitada a minha vida, neste momento, que eu não sou capaz de fixar um minuto sequer, além deste momento... Como eu sou feliz, meu amigo! E você também deve ser feliz com a minha felicidade, não é assim? Dize-me, repete-me pela última vez... Ela falou-te?

ANTÔNIO
Sorriu-me!

EDUARDO
Sorriu-te? Sorriu-te?... E não caíste logo fulminado de luz?

ANTÔNIO
É linda, meu senhor, é linda!

EDUARDO
(*enlevado*)
É a Beleza Perfeita!

ANTÔNIO
Nunca vi olhos tão belos... lá isso é verdade.

EDUARDO
(*idem*)
Belos... imensos... profundos... refletem todo o infinito... (*Um momento.*) Mas dize-me, dize-me tudo de novo, antes que ela chegue... Deste-lhe a carta!... Aí...

ANTÔNIO
Mandou que me sentasse... Eu, como já lhe disse, achei que não devia... Mas, afinal, tanto insistiu...

EDUARDO
Sim... sim!

ANTÔNIO
Desapareceu por um reposteiro pesado, de veludo, uma obra de arte, como o senhor costuma dizer... Depois, voltou com a resposta que lhe entreguei, naquele envelope comprido, e disse-me: Até logo.

EDUARDO
Feliz Antônio! Que mais?

ANTÔNIO
Nada, meu senhor!

EDUARDO
Oh! Que memória infame a tua! Pois não me disseste...

ANTÔNIO

(*interrompendo*)

Ah, sim... Deu-me a mão a apertar!

EDUARDO

A sua mão de fada! (*Tomando a mão direita de Antônio.*) A sua linda mão de pluma! (*Como que se enleva na contemplação da mão do Escudeiro.*) A sua linda mão de madona... (*Abstraído, beija a mão de Antônio.*)

ANTÔNIO

Oh, meu senhor!

EDUARDO

Não te impressiones, meu velho, com a minha loucura... Perdoa a minha alegria... É uma loucura de criança que vai possuir o brinquedo novo, o prometido brinquedo... A noite nupcial é sempre uma noite de Papai Noel! O sapatinho é o coração que está vazio para o milagre que vai cair do céu... Tu não sabes mais. Tu não te lembras mais dessas noites de Natal das missas de meia-noite... Tu não te lembras mais do que é o amor! (*Tira do cofre um cigarro.*) Sabes que sensação me invade? A sensação cósmica de haver dominado com um gesto o Infinito! Antônio, eu acabo de arrancar a máscara ao Mistério! (*Fuma.*) Quantos minutos ainda, meu velho?

ANTÔNIO
(*consultando*)
Falta um quarto!

EDUARDO
E os minutos passam... Que pena! Nunca mais hão de passar para mim estes minutos que passam!

ANTÔNIO
(*indicando-lhe o cigarro, numa aflição de catástrofe*)
Meu senhor! Meu senhor...

EDUARDO
(*surpreso*)
Que é?

ANTÔNIO
(*mãos postas*)
O cigarro!?

EDUARDO
(*compreendendo, num sobressalto*)
O cigarro... (*Entrega em sobressalto o cigarro ao Escudeiro e leva com horror o lenço aos lábios.*)

ANTÔNIO
Ora, o esquecimento!

EDUARDO
E tanto que te recomendei, Antônio! E tanto pedi que me vigiasses, que me desses pancada... Depressa, anda! Água-de-colônia, extrato, num copo!... Mais depressa, Antônio! (*Antônio sai a correr.*)

EDUARDO
(*só*)
Maldita sejas tu, ó leoa impura e abominável, que ias profanar o mais inebriante dos hálitos humanos!

ANTÔNIO
(*que traz uma bandeja com um copo de água*)
Pronto! Água-de-colônia e pétalas de rosas...

EDUARDO
(*tomando o copo e dirigindo-se à terrasse*)
Tu, o culpado... Antônio, foste tu! Não sou mais teu amigo. (*Antônio está verdadeiramente desolado.*)

ANTÔNIO
Ora, o diabo do vício! (*Mas, de súbito, Eduardo ressurge a correr.*)

EDUARDO
Um automóvel ao fundo, no portão... Ela! Deve ser ela... Devias estar lá, a esperá-la... Ou

eu!... Sim... eu sou que devo recebê-la... (*Antônio, atarantado, não sabe o que fazer.*) Depressa, Antônio! Ilumina a escadaria... Vai encontrá-la à alameda. Que estupidez!... (*Antônio vai sair precipitadamente.*) Anda cá, um momento... Sente-se hálito de fumo? (*Abre a boca respirando nas narinas de Antônio.*)

ANTÔNIO
Pura essência de rosas, meu senhor!

EDUARDO
Corre, então, a recebê-la... (*Sai Antônio.*) Ela! (*Compõe-se e olha em torno.*) Quanta luz! Que indiscrição! (*Fecha o lustre, ficando só o abajur verde a iluminar o estúdio que o luar invade. É a mesma lua de agosto em suave declínio.*) Para esta noite de amor, só a luz do luar não é profana... (*Aproxima-se da* terrasse. *Um violino, em absoluta surdina, evocará a efusão da alma do Artista.*) Meu grande sonho irrealizável... Há na minha alma um luar mais belo que o da noite lá fora... E uma surdina deliciosa purifica o meu ser... (*Eduardo fala baixando na surdina do seu delírio, como se dissesse segredos a si mesmo.*) Por que ela chega? Por que ela vem? Por que passam estes minutos?... Por que eu não fico indefinidamente assim, a esperá-la, sabendo que ela vai chegar para os meus braços e para o meu amor?... Por que não para a vida humana, oh, destinos vertiginosos?... Por que

tudo se consuma, desde o crime até o amor? Por que há princípio e fim? E por que tudo não é só uma vibração de eternidade ou de infinito? Para que ser e não ser? Por que a vida não é a morte e a morte não é a vida? (*Cai em pensamento e a surdina mais um momento se esvai.*)

MEFISTO
(*surgindo de um dos reposteiros cerrados*)
Quem muito filosofa vive pouco! (*Mefisto aparece com o mesmo traje do 1º. ato, envolto na capa negra. Batendo levemente no ombro de Eduardo, absorto.*) Eduardo!

EDUARDO
(*susto*)
Tu?

MEFISTO
Que mania a tua de sempre te espantares com a minha presença!...

EDUARDO
Quando ela vai entrar?

MEFISTO
É mais uma ilusão tua. Ela ainda não chegou!

EDUARDO
Mentes! Ela está aí! Deve atravessar a alameda neste minuto. (*Eduardo vai certificar-se à terrasse.*)

MEFISTO

Que noção tens tu do minuto? (*Eduardo continua atento na* terrasse. *Olhos e pensamento estirados para o parque.*) Contas o minuto pelo teu relógio? É objetivo demais para quem pretende sondar o tempo contido nos arcanos da Eternidade. (*E Mefisto dardeja o seu sorriso infernal.*)

EDUARDO
(*aproximando-se indignado*)
Onde está ela? Por que me atormentas?

MEFISTO
Incorrigível interrogador!

EDUARDO
Dize: por que me persegues?

MEFISTO
Porque sou a tua sombra... Porque sou o teu reflexo na luz do pensamento. És tu quem me projeta. Culpa-te a ti, amigo.

EDUARDO
Vai-te... Deixa-me!

MEFISTO
Não posso.

EDUARDO
Mato-te!

####### Mefisto
É possível... Basta que te suicides!

####### Eduardo
(*sufocado em cólera*)
Espírito infernal!

####### Mefisto
Para te servir...

####### Eduardo
(*em súplicas*)
Sei bem que te pertenço, espírito misterioso das trevas! Bem sei que nunca mais de ti me emanciparei... Aqui me tens a teus pés, teu escravo e tua vítima! (*Vencido.*) Mas em nome da tua força, ó Satã, concede algumas horas de liberdade ao acorrentado de tantos séculos... Desperta-me a alma das tuas algemas infames, durante as poucas horas que me restam desta noite, que vai ser a minha noite nupcial... Ela vai entrar... É a mais bela mulher do mundo! E é minha! Ama-me! Deu-me o seu corpo maravilhoso e a sua alma luminosa em olhares mais profundos do que o oceano! E esta noite ela vem para se sacrificar inteira na fogueira do meu desejo, que arde nos subterrâneos vulcões do meu cérebro! Deixa-me livre! Esta noite só... Não me importa, depois, amanhecer na minha morte... Mas neste resto miserável de vida eu viverei a vida toda! Satanás, Satanás, piedade!

MEFISTO
Palavras, palavras: Lázaro, levanta-te!

EDUARDO
Ela?

MEFISTO
Vem aí, há de chegar.

EDUARDO
(*súplice*)
Deixa-me só!

MEFISTO
(*riso diabólico*)
Um louco nunca está só... Está sempre com as suas visões!

EDUARDO
(*aflito*)
Ela pode entrar de um momento para outro...

MEFISTO
Não te apresses... Lembra-te que caminhas para a morte, como todo homem... Retarda a tua vida, tu que a amas tanto...

EDUARDO
Ela deve estar à espera!

Mefisto

Os doidos são surdos ao conselho do bom-
-senso. Anda cá... Olha daqui... (*Aproxima-se
da* terrasse.) Que vês na alameda?

Eduardo

O luar! O mais luminoso luar dos céus...

Mefisto

Deixa os céus em paz e olha a terra... E agora?

Eduardo
(*surpreso*)
Como?... O Antônio?

Mefisto

De mãos cruzadas, a passear tranquilamente
de um para outro lado da alameda.

Eduardo

E ela, então?...

Mefisto

Ela ainda não chegou. Antônio está à sua
espera, conforme lhe ordenaste.

Eduardo

Mas eu vi o seu automóvel... Isso é um sor-
tilégio diabólico!

MEFISTO
Aquilo que tu vês, meu pobre amigo, raramente existe...

EDUARDO
É uma burla infernal... Vou recebê-la... Ela está aí! (*Encaminha-se ao fundo, mas Antônio surge do reposteiro. Mefisto fuzila o seu monóculo e o seu sorriso. Eduardo estaca em frente do Escudeiro.*)

ANTÔNIO
(*respeitoso*)
Meu senhor...

EDUARDO
Ela?

ANTÔNIO
Não era ela!

EDUARDO
E quem era?

ANTÔNIO
Ninguém, meu senhor!

EDUARDO
Mas o automóvel!...

ANTÔNIO

Não vi, meu senhor! (*Mefisto vai sentar-se, sorrindo vitorioso. Antônio não o vê no estúdio, senão a Eduardo. Nem todos os olhos têm a mesma visão.*)

EDUARDO

Tens certeza do que dizes? De que estás com os olhos bem abertos?

ANTÔNIO

Tenho, meu senhor.

EDUARDO

E para que vieste aqui?
(*Antônio, indeciso, não sabe o que responder. É Mefisto quem o faz.*)

MEFISTO

Tu o disseste, pelo Diabo!
(*Antônio está de cabeça baixa, em atitude de obediência resignada. Eduardo não se volta às palavras de Mefisto, que é como se ali não estivesse.*)

EDUARDO
(*a Antônio*)
Volta depressa. Deves ficar à sua espera ao portão!

ANTÔNIO
Sim, meu senhor!

EDUARDO
Ela te perguntará logo se estou só!

ANTÔNIO
Sim, meu senhor.

EDUARDO
E tu?... Que responderás?

ANTÔNIO
A verdade. Que o meu senhor está só e a espera.

EDUARDO
Que a espero com ânsia, com desespero, com sofrimento, com a minha alma inteira nos lábios... Vai-te, Antônio!

ANTÔNIO
Hei de trazê-la... Acalme-se, meu senhor! (*Curva-se. O reposteiro franze, o Escudeiro desaparece.*)

MEFISTO
(*acendendo tranquilamente um cigarro*)
Que dizia eu?... É preciso que acredites no Diabo.

Eduardo
(*desalento*)
Que queres, enfim?

Mefisto
Vigiar-te!

Eduardo
Com que intuito?

Mefisto
O de evitar que faças tolices nessa entrevista de amor.

Eduardo
Que dizes?

Mefisto
O que pensas. Desejo evitar que transfigures o amor em sofrimento. Teu abatimento moral me apavora. Desejo animar-te, homem fraco.

Eduardo
Não te entendo.

Mefisto
Sempre fomos assim, desentendidos... Não importa. O que importa é que se cumpram as profecias e tu sejas feliz.

Eduardo
Sou o mais feliz dos homens esta noite.

MEFISTO
Por quê? Posso saber?

EDUARDO
Porque ela vem, e eu vou possuí-la!

MEFISTO
És o homem dos paradoxos. Há pouco desejavas que ela não viesse, e me perguntavas por que eu não petrificava a marcha dos destinos humanos...

EDUARDO
Era isso um delírio de felicidade! E o desejo de que nunca mais se acabasse essa felicidade!

MEFISTO
Sossega. Para isso é que vim. Para isso é que estou aqui... Para isso é que ficarei por aqui, toda a noite...

EDUARDO
Como? O que disseste?

MEFISTO
O que ouviste!

EDUARDO
Vais ficar aqui? Na alcova do meu amor?

MEFISTO
Atrás de um desses reposteiros... Não serei indiscreto...

EDUARDO
Não ficarás!

MEFISTO
Ficarei.

EDUARDO
Não ficarás! Lutaremos os dois, corpo a corpo, aqui, até a morte!

MEFISTO
(*interrompendo-o*)
Um pugilato? Oh, não vale a pena... Eu não ficarei, amigo.

EDUARDO
Obrigado, meu amigo, obrigado!... (*Beija-lhe a capa, humildemente, de alegria.*)

MEFISTO
(*implacável*)
Mas o automóvel não chegará!

EDUARDO
(*de pé, retomando a cólera*)
Quê?

MEFISTO
Ela não virá!

EDUARDO
Quem a impede?

MEFISTO
O espírito maquiavélico dos santos imprevistos.

EDUARDO
(*rindo sarcasticamente*)
Cínico embusteiro! (*Ria ainda, mas há no seu sarcasmo um receio atroz.*)

MEFISTO
Duvidas de mim?

EDUARDO
Sim. Duvido de ti, ó fantasma de pesadelo! Eu sou neste momento o maior dos homens, porque a minha paixão é a maior das paixões! Não creio no teu espírito diabólico. Intrujão! Bruxo! Chantagista! Quero ficar livre de ti para sempre! Quero viver! Não creio em ti... não creio em ti...

MEFISTO
(*num grito*)
Ressurreição! (*Corre a Eduardo. Sacoleja-o para que desperte.*) Reconheces-me?

Eduardo
Satanás! Satanás!

Mefisto
(*prendendo-o*)
Louco! Mil vezes louco! Desvenda esses olhos! Vê-me tal qual eu sou!

Eduardo
Foge daqui! Maldito sejas tu!

Mefisto
Fugirei, já que assim o queres. Ficarás sozinho na loucura dos teus sonhos. Antes, porém, hei de fazer vibrar no tempo três pancadas formidáveis. À terceira, aquele telefone te dirá que ela não vem... Sibilas! (*Soa a primeira pancada.*) Sibilas! (*Soa a segunda pancada.*) Si...

Eduardo
(*súbito pavor invencível*)
Cala-te! (*Há um momento. Os olhos de Eduardo e Mefisto cruzam-se como espadas.*) Não! Não! Entrego-me a ti, ó Misteriosa Força!

Mefisto
Superstição, ainda és deusa! (*Aponta a Eduardo o Escudeiro que acaba de surgir ao fundo.*) Ei-la! (*E desaparece.*)

Antônio
Ei-la, meu senhor!
(*Eduardo fica chumbado ao chão. Entra uma mulher envolta em uma capa da cabeça aos pés. O Escudeiro desaparece também. E só então Eduardo se aproxima, como que despertando à realidade.*)

Eduardo
Ilda!

Ilda
(*voz a medo, sem se descobrir ainda*)
Estamos sós?

Eduardo
(*aproximando-se mais*)
Completamente sós!... Pois não sabe que já a esperava? (*A afirmação de Eduardo é absolutamente sincera. A cena com Mefisto é como se não tivesse acontecido, ou dela se esquecesse por completo.*)

Ilda
(*aproximando-se também*)
Tenho medo, Eduardo. (*Estão bem à frente da terrasse e o luar mais intenso ilumina-lhes o vulto.*)

Eduardo
(*tomando-lhe a mão*)
De mim?

ILDA
Sim... de ti... de mim... de tudo!...

EDUARDO
(*diálogo em surdina. Eduardo imprimindo uma carícia na voz*)
Acenderei o lustre... Haverá mais luz!

ILDA
Não... É melhor assim... com o luar!...

EDUARDO
(*em êxtase*)
Que não tem mais luz que o luar dos teus olhos, Ilda! (*Beija-lhe com suprema unção as mãos.*)

ILDA
(*num estremecimento, apertando-lhe os dedos*)
Eduardo!

EDUARDO
Demoraste o infinito, Ilda!

(*Meia-noite, na orquestra. Doze pancadas suaves e lentas se prolongam na vaporosa surdina de um adágio.*)

ILDA
Meia-noite, meu amor! A hora combinada...

EDUARDO

Meia-noite? Só? Como se pode em minutos viver tanto? (*Ficam em silêncio, muito juntos, até a última pancada.*)

ILDA

Parece dia o luar!

EDUARDO

E ainda está velado pela tua capa... Despe-a, meu amor, para que resplandeça o luar da tua beleza... (*E Eduardo começa com religioso pudor a despi-la. Primeiramente procura descerrar-lhe o véu do rosto.*) Ilda, deixa que eu veja a face viva da lua... (*Descobre-lhe inteiramente o rosto, que ela volta a sorrir, revelando-o, só então, à plateia. É a mesma figura do espelho mágico e da estátua viva do primeiro ato.*) Como brilham as estrelas dos teus olhos, Ilda! E os teus dentes são a Via-Láctea luminosa do teu sorriso...

ILDA
(*enlevo*)

Fala!

EDUARDO

E esta capa negra... Para quê? Apaga a tua harmonia como as noites profundas que caem sobre a natureza. Tu és essa natureza milagrosa que Deus anima com o seu amor. E eu sou tanto quanto Deus, porque te faço estremecer entre meus braços!

> ILDA
> (*baixinho*)
> Sim... Eu te amo... Eu te amo... (*Trêmulos de amor seus lábios se aproximam.*)

> EDUARDO
> (*murmurante*)
> O nosso primeiro beijo!

> ILDA
> (*tremendo*)
> Eduardo... ainda não!

> EDUARDO
> Toda a vida, vivamo-la neste beijo!

> ILDA
> Ainda não, Eduardo!

> EDUARDO
> Por quê, meu amor?

> ILDA
> Um minuto mais... espera!

> EDUARDO
> Para quê, meu amor!

ILDA
Um só minuto mais... tenho medo!

EDUARDO
Um minuto perdido de amor é um século vivido! (*Aproximam-se mais os seus lábios afogueados. Ilda está tonta de amor.*)

ILDA
(*num suspiro*)
Espera!

EDUARDO
(*num murmúrio*)
Ilda! (*Beijam-se profundamente.*)

ILDA
Meu Deus! Meu Deus! (*Caminha trôpega, desprendida dos braços de Eduardo, como que tonta ainda do beijo, até o divã, em que se atira em soluços.*)

EDUARDO
(*aproxima-se com medo e arrependimento*)
Magoei-te... Ilda? Pisei a tua alma? (*Ajoelhando-se junto ao divã em que ela soluça.*) Perdoa ao bárbaro! (*Ilda abraça-lhe a cabeça e beija-lhe os cabelos.*)

ILDA
Cala-te... Cala-te!

EDUARDO
E por que choras?

ILDA
Choro... de alegria!

EDUARDO
Que suave mentira, a tua!

ILDA
Não te minto, meu amor!

EDUARDO
Tu sofres, Ilda!

ILDA
Não sofro, Eduardo!

EDUARDO
Compreendo as tuas lágrimas. Compreendo tudo. Sofres do amor com que me amas...

ILDA
Que tolice!... que tolice!

EDUARDO
Sofres o teu pecado, Ilda... (*Ela não pode mais fingir. Cede expansão ao pranto que a sufoca. E chora francamente.*) O teu grande pecado... Por que nos encontramos? E, se estava escrito que nos encontraríamos a meio do caminho,

para que te casaste? E, se o casamento não escraviza o coração, para que serve? O amor é a misteriosa atração de uma fatalidade... Não chores. Tu sairás daqui honesta como entraste. O meu amor há de purificar-te. Vê... É de joelhos que te falo... Nada receies. Quero de ti a tua alma só, para que eu a sinta, sentindo a perfeição da vida. O meu amor é tão alto, tão imenso e infinito, que não chega a perverter... Olha... Vamos viver a nossa noite nupcial...

Ilda
Tens razão... Não choro mais!

Eduardo
Dá-me as tuas mãos...

Ilda
Não sei por quê... um pressentimento... um medo... É por ti, compreendes? Se ele sabe... se ele chega de repente... Ele suspeita... Ele sofre também... Ele é tão mau! (*Ilda levanta-se agitada, nos braços de Eduardo.*)

Eduardo
Estás nervosa, nada mais...

Ilda
(*num susto, agarrando-se tremulamente a Eduardo*)
Eduardo!...

EDUARDO
Que tens, Ilda? Por que te afliges assim?

ILDA
(*pavor*)
Lá na alameda... Não vês?... Um vulto!...

EDUARDO
É a sombra de uma árvore... Ou talvez uma nuvem que o vento varre com a vassoura de prata do luar...

ILDA
Será melhor que eu fuja... Olha, voltarei outra noite...

EDUARDO
Estás vendo fantasmas, meu amor!

ILDA
Ele é o meu fantasma!

EDUARDO
Mas ele não poderá chegar antes do amanhecer... Tu irás antes que amanheça.

ILDA
Receio que não tenha partido... Uma cilada!

EDUARDO
Refletes muito, Ilda... Vai... volta... Deixa que eu fique só... Abandona-me...

ILDA

Não fales assim, que me injurias! É por ti... É só por ti. Receio que te matem, Eduardo! (*Aperta-o desesperadamente num braço.*)

EDUARDO

Ilda... Quero que sejas minha.

ILDA
(*vencida no seu medo pelo arrebatamento da paixão*)

Sim, tua... Acabou-se! Tua para sempre! Para cair contigo em todos os abismos! Contanto que morras comigo, no mesmo dia, e não me deixes viva, mas viúva dos teus olhos, da tua fala, das tuas mãos, dos teus cabelos, do teu amor...

EDUARDO

E dos meus beijos... (*Beija-lhe os dedos, os olhos, o cabelo.*)

ILDA
(*numa última hesitação*)

São as sombras do parque e as nuvens do céu. É o luar, não é assim, meu amor?

EDUARDO

Nuvens e sombras... Vais ver... (*Toca uma campainha muda.*)

ILDA
A quem chamas?

EDUARDO
Antônio, o nosso melhor amigo.

ILDA
O nosso fiel mensageiro...

EDUARDO
O correio secreto das nossas almas.

ILDA
Tão tímido...

EDUARDO
E tão sincero!

ILDA
Que alegria eu sinto quando me aparece levando as tuas cartas...

EDUARDO
E como eu o beijo tanto quando ele me volta!

ANTÔNIO
(*entra com uma bandeja com taças e champanha. Muito discretamente*)
A champanha, meu senhor! (*Deixa tudo sobre a mesa oval. Ilda procura velar-se.*)

EDUARDO
Onde está o guarda-portão?

ANTÔNIO
Recolheu-se, conforme as suas ordens, meu senhor!

EDUARDO
Dir-lhe-ás que dê uma olhada nas alamedas e que solte os cães.

ANTÔNIO
Sim, meu senhor!

EDUARDO
Tu ficarás na antessala, às minhas ordens... e o guarda-portão, no seu posto, vigilante.

ANTÔNIO
Sim, meu senhor! (*Faz uma reverência e vai sair.*)

EDUARDO
Antônio...

ANTÔNIO
Meu senhor!

EDUARDO
Já saudaste a tua senhora?

Ilda
(*rubor*)

Eduardo!

Antônio
Permita-me vossa excelência que eu lhe beije os pés, minha senhora?

Ilda
Oh, meu amigo... (*Dá-lhe a mão, que Antônio beija com profundo respeito.*)

Antônio
Vou cumprir as suas ordens, meu senhor! (*Desaparece no reposteiro.*)

Eduardo
Vês?... Estamos bem guardados... Há amigos e cães a defender-nos. Tens medo?...

Ilda
Não!

Eduardo
O nosso mundo está aqui!

Ilda
(*agora reparando nas rosas*)
Que perfume? E quantas rosas!

EDUARDO
Só agora abriste os olhos de Deusa, no teu oratório... (*Vai buscar a cesta de pétalas que derrama sobre ela.*) São todas as rosas do meu jardim!

ILDA
Meu poeta! Como... (*À estátua.*) A estátua! Que ânsia que eu tinha de conhecê-la! E que ciúmes, quando me falavam dela! Como é linda!

EDUARDO
É um triste mármore mudo... A alma que eu procurava na estátua encontrei refletida nos teus olhos!

ILDA
Mentiroso... Ah, bem o sei... A estátua é a evocação dos teus amores que passaram. Um dia eu passarei também... Não me iludo!

EDUARDO
Não... Ilusão tua. A estátua foi o desespero de não te encontrar... Agora, eu quebrarei a estátua!

ILDA
Palavras, meu amigo!

EDUARDO
E farei surgir do bloco, de fagulha em fagulha, a chama sagrada da tua perfeição... (*Os dois*

amantes, que estão com as mãos ligadas estreitamente, olham-se com tristeza. E Ilda, soltando-se de Eduardo, dá alguns passos vagos pelo estúdio. Eduardo enche as taças e oferece a ela.)

ILDA
Não, Eduardo!

EDUARDO
Um gole só!

ILDA
Não...

EDUARDO
Está gelada...

ILDA
(*contente em molhar os lábios na taça*)
Chega, Eduardo... Não insista!

EDUARDO
Saberei então os teus segredos... (*Esvazia a taça. Ilda caminha até o divã. É visível o seu abatimento.*) Sabes? O teu coração está gelado, como aquela champanha! (*Aproxima-se.*) Em que pensas?

ILDA
Na nossa vida!

Eduardo
Na vida que ainda não vivemos!

Ilda
Na vida que não viveremos, talvez...

Eduardo
Sinto muito cedo, na tua voz, o arrependimento e a desilusão!

Ilda
Dize-me, Eduardo... tu me amas?

Eduardo
Adoro-te!

Ilda
Dás-me toda a tua vida para mim?

Eduardo
Dou-te toda a minha vida e toda a minha morte!

Ilda
E por que falas de morte na primeira noite de nosso amor?

Eduardo
Porque os teus olhos estão tristes como um cemitério e a tua voz é quase uma agonia...

Ilda
Não...

Eduardo
Sim. O remorso do mal que te dou, pelo bem que das tuas mãos recebo... (*Beija-lhe as mãos.*)

Ilda
Não... Não digas...

Eduardo
Por que te adivinhei em sonhos? (*Silêncio.*) Não sabes que te adivinhei em sonhos? O meu sonho! (*Novo silêncio. A orquestra acompanha Eduardo na evocação do "Sonho de Fausto". Prelúdio rápido nos violinos.*)

Ilda
(*começo de enlevo*)
Dize...

Eduardo
Sonhei que era o Fausto... (*Orquestra.*) Nesta mesma sala, com um luar assim, o Diabo aparecia-me... O espírito infernal! E ao sentir a minha ânsia de beleza, a minha sede tantálica de sabedoria, a minha aflição do infinito, e o meu frenesi paranoico de amor, vendia-me um veneno terrível, que era ambrosia e fel... Por fim eu adormecia... (*Concentra-se para lembrar.*) Eu

adormecia... e no êxtase diabólico do narcótico a minha estátua, viva, eras tu! Os olhos eram os teus e iluminavam-me... Eram os teus os braços que se estendiam para mim... E teu, o maior clarão de sorriso que eu já vi na minha vida! Foi quando começou o pesadelo... (*Evocação musical de um pesadelo na orquestra. Em seguida:*) Na inconsciência do sonho, eu tinha uma consciência... E quis levantar-me da cadeira em que me abatera a hipnose diabólica... Tinha a certeza de que nos braços, que a visão maravilhosa me oferecia, estava todo o contato do amor e toda a natureza do infinito... E tento os passos para o abismo invisível daquela atração... Oh, dor! Oh, dor maior das dores! Eu tinha o corpo todo grilhetado à cadeira, que pouco a pouco se ia transformando em rocha bruta, imóvel, eterna no ventre da terra... (*Suavemente:*) Treva de repente... era o mundo todo em trevas... (*Sufocando-se.*) E eu não era mais o Fausto... Era Prometeu acorrentado à rocha bruta, imóvel, eterno no ventre dos séculos! Pensei gritar um grito de revolta: Maldição!... (*Eco de angústia no fundo do teatro.*) Maldição! Maldição! Mas a minha voz era apenas o mais longínquo e doloroso dos ecos... É quando um monstro, um abutre dos ares, começou a devorar-me não o fígado mitológico, mas o coração humano!

ILDA
(*que tem escutado com sofrimento*)
Horror! Cala-te...

EDUARDO
Em plena agonia, alguém me acorda... Amanhecia... Tudo tinha sido um sonho! (*Na orquestra, fim do "Sonho de Fausto".*)

ILDA
Um pesadelo!

EDUARDO
(*desalento crescente*)
E nunca mais me senti bem acordado... Parece-me que essa história se deu na minha vida... Certas vezes, tenho a perfeita sensação de que o sonho se reata... Depois, naquela tarde luminosa, nos encontramos... Lembras-te, Ilda?

ILDA
Se me lembro...

EDUARDO
E tu eras a mesma aparição... tu eras a Margarida do espelho mágico... tu eras a estátua viva do meu sonho... Eu tinha-te visto, antes... O sonho não será uma vida que nós vivemos em outra consciência?

ILDA
Eduardo... para que hás de consumir-te assim na tua fantasia?

EDUARDO
Os sonhos devem ter uma realidade...

ILDA
Sou tua!

EDUARDO
Os sonhos!... Um abutre morde-me o coração e o despedaça... O meu remorso... O remorso que vigia as consciências.

ILDA
O que significa o que dizes, meu amor?

EDUARDO
Que mereço o teu ódio... Tu eras feliz...

ILDA
Eu sou feliz!

EDUARDO
Só se é feliz quando se finge a felicidade... (*Num desalento formidável.*) Vai, Ilda... Volta para o teu lar... Não deixes que eu toque o teu corpo com a ponta sequer dos meus dedos! Vai, Ilda... Deixa-me só a tua alma, para que não fique tão solitário no meu abandono... Deixa-

-me só a tua alma, que essa, o mundo não vê, nem quer saber se tu a tens sublime ou se a prostituístes... Vai, para a tua alcova doméstica... foge quanto antes deste sonho de amor!

ILDA
(*surpresa*)
Mandas-me embora?

EDUARDO
Salvo-te!

ILDA
(*espanto*)
Eduardo?!

EDUARDO
Quero que vivas... E só se vive quando se tem a consciência tranquila... Vai... Salva a tua consciência...

ILDA
E que me importa a vida sem ti!

EDUARDO
Eu estou tocado do estigma do Mal... Foge de mim, depressa...

ILDA
Não, Eduardo, tu és bom!

Eduardo
Sim, Ilda… Disseste a verdade… Sou bom… Correm rios de bondade nos subterrâneos da minha alma… Mas que queres?… Emana de mim o Mal!

Ilda
Estás delirando… Sou tua… Quero ser tua… A tua mulherzinha que só tu sabes amar!

Eduardo
Não!

Ilda
Vem, dá-me os teus beijos…

Eduardo
Não!… Os meus lábios têm fel!

Ilda
Dá-me o teu amor!…

Eduardo
Só tenho dor para te dar…

Ilda
Quero sofrer!

Eduardo
Só tenho lágrimas para os teus olhos!

ILDA

Quero chorar... (*Desesperada no egoísmo do seu amor, procura envolver o amante nos braços. Ele evita-a, foge dela.*)

EDUARDO

Salva-te... foge!

ILDA

Eduardo! Eduardo! (*Lutam ainda um momento.*)

EDUARDO
(*subitamente, agarrando-a toda num abraço*)
Ilda! Ilda!

ILDA
(*exausta, sem forças*)
Eduardo! Eduardo!

EDUARDO

Estamos à borda de um abismo...

ILDA
(*voz sumida*)

Rolemos!

EDUARDO

É a morte!

ILDA
Que importa? Estou viva agora nos teus braços!...

EDUARDO
Ilda... minha pobre Ilda... Nós, os artistas, vivemos muito depressa, toda a vida num minuto!

ILDA
(*quase desfalecida*)
É a eternidade!

EDUARDO
Sacrificada!

ILDA
Salva!

(*E rolam as duas almas no precipício insondável daquele beijo. Acorde na orquestra.*)

EDUARDO
Rolaram as nossas almas! (*Leva a amante desfalecida até o divã, onde a recosta. Ilda rompe a soluçar baixinho, trêmula.*) Não te dizia eu, Ilda, minha pobre criança! (*Há um silêncio de agonia.*) Jazem no fundo do abismo os nossos cadáveres abraçados... Agora, vai haver o fúnebre cortejo... E as ilusões vão passar, uma a uma...

(*Eduardo ajoelha ao colo de Ilda e chora
também, enquanto a orquestra começa o
"Funeral das Ilusões".*)

(APARIÇÕES: *Apaga-se o luar da cena que
fica em trevas. E na treva deslizam vultos diáfanos de mulheres, levando círios acesos... Passam duas a duas, em procissão... Enfim, a
alucinação se esvai no luar, que volta a iluminar o estúdio. Ainda ressoam acordes longínquos da marcha fúnebre. Eduardo levanta-se
ébrio de emoção. Olha em torno de si, como se
recordasse. Repara em Ilda, que soluça ainda
em estremecimentos compassados e suaves. Eduardo é um homem que recupera a memória.
Cambaleia até a mesa, enche a taça e bebe. Estaca a orquestra com a aparição, ao fundo, do
Escudeiro.*)

ANTÔNIO
Está servido o chá na alcova, meu senhor.

(*Eduardo, sem se voltar, faz um gesto de
despedida com a mão para o Escudeiro, que se
retira imediatamente.*)

EDUARDO
Alcova... (*Um silêncio. Chama baixinho:*)
Ilda... Ilda... Alcova... (*Ilda não ouve.*) A alcova! (*Ilda levanta a cabeça transfigurada, com a
cabeleira em desalinho. Eduardo, muito baixi-*

nho:) Não ouviste? A alcova! (*Ilda não ouve, não compreende. Eduardo profundamente:*) A alcova!

Ilda
(*desvairada, num grito*)
A cova! (*Recua com pavor.*) É a cova, Eduardo... A nossa cova! Onde?... Onde está?

Eduardo
(*como desvairado também, apontando o
reposteiro da alcova*)
Ali!...
(*Então Ilda caminha para o reposteiro, devagar, como quem tem frio. Eduardo segue-a com um olhar de atonia. Ilda avança mais, encolhe a medo o reposteiro e desaparece.*)

Eduardo
(*ficando só, olha ainda uma vez em torno
e a chama*)
Ilda! Ilda! (*Com passos dúbios, encaminha--se também para o reposteiro da alcova. Vai entrar quando surge Mefisto. Acorde rápido na orquestra.*)

Mefisto
(*abrindo os braços*)
Não passarás!

EDUARDO
Ah!

MEFISTO
Nem um passo mais!

EDUARDO
(*sufocando o seu desespero e levando o dedo aos lábios, para impor silêncio a Mefisto*)
Psiu!

MEFISTO
Acorda!

EDUARDO
(*voz abafada, para não ser ouvido*)
Sai!

MEFISTO
Não!

EDUARDO
(*ainda voz abafada, para não ser ouvido*)
Dou-te mais a vida dela.

MEFISTO
(*terrível*)
Assassino!

EDUARDO
Satanás!

(*Avança para ele. Lutam ambos. Mefisto procura afastar-se do reposteiro e carregar Eduardo para o fundo. É uma luta de morte, é uma luta de titãs. Afinal os dois arrastam-se até o fundo, a luta agora está no auge. Eduardo parece vencer Mefisto. Os dois homens se embaraçam no reposteiro. Eduardo, com as mãos no pescoço de Mefisto, a sufocá-lo. Subitamente, ouve-se um fortíssimo acorde na orquestra, enquanto a cena fica um segundo às escuras. Ao iluminar-se de novo o estúdio, Eduardo prossegue ainda a luta alucinada... com o reposteiro do fundo. Tudo fora um simples delírio. Os sentidos reagem e ele desperta. Procura com o olhar na sala vazia. Aparece o Escudeiro.*)

ANTÔNIO

A senhora acaba de partir no seu automóvel...

EDUARDO
(*num grito*)
Ilda... (*E precipita-se pelo fundo a correr desesperadamente, no rastro da ilusão perdida. Orquestra e* velarium.)

FIM DO SEGUNDO ATO

TERCEIRO ATO

(*Como no primeiro e no segundo atos a decoração continua estática. Orquestra e só depois o* velarium.

É noite. Eduardo, à sua mesa de trabalho, escreve. No estúdio, em meia-tinta de luz, há um visível indício de abandono das coisas. Há o desleixo fatal da Beleza vivida. Livros em pilha atulham a mesa do Artista e outros, uns abertos e desfolhados, espalham-se pelos móveis. Eduardo escreve subterraneamente perdido no abismo do pensamento. Pode fumar sem sentir. O silêncio em torno é um túmulo, e no pedestal, em que resplandecera outrora a beleza da estátua, agora se infunde o horror de um esqueleto, velado por enquanto aos olhos do espectador. Eduardo veste a casaca e tem a harmonia rigorosa no traje. Mas os seus cabelos estão revoltos. Passa um momento e o Escudeiro aparece trazendo mais uma resma de livros, que procura acomodar cautelosamente sobre a mesa.)

ANTÔNIO

Serão estes? (*Eduardo continua absorto, perdido na ideia, e não responde.*) Aqui tem os livros! (*Eduardo olha distraidamente o Escudeiro e faz-lhe com a cabeça sinal de afirmação, mergulhado em si mesmo. Outro momento. Ouve-se uma estranha música de horas. O Escudeiro consulta o seu relógio de bolso. Aproximando-se tímido:*) Meu senhor... Então?

EDUARDO
(*abstraído*)
Que há? (*Escreve.*)

ANTÔNIO
Falta meia hora para a recepção da senhora condessa.

EDUARDO
Vou já! (*Escreve ainda. Deixa a pena, olha também o seu relógio.*) A recepção da condessa! (*Depois de um momento, com profundo tédio:*) Que maçada! (*Toma do papel escrito, lê. Dirige-se de novo ao Escudeiro:*) Achas que devo ir?

ANTÔNIO
A senhora condessa telefonou duas vezes e está à sua espera!

EDUARDO
Que te parece essa senhora condessa? (*Gesto embaraçado do Escudeiro.*) Não achas horrível suportar as mulheres?

ANTÔNIO
Horrível?

EDUARDO
Sim! De tédio!

ANTÔNIO
Vai?

EDUARDO
Não sei se vou ou se me levam. Mas, em qualquer das hipóteses, irei... Não achas também? (*O Escudeiro sai para buscar o chapéu, a bengala, as luvas e a capa do Artista. Eduardo senta-se agora do outro lado da cena, defronte à sua mesa de trabalho. Fixa o olhar como que a refletir profundamente. E logo, do espaldar da cadeira vazia da mesa de trabalho, surge a figura de Mefisto, a um sinal da orquestra. Mefisto sorri para Eduardo, que continuará imperturbável, na mesma atitude. Mefisto debruça-se no espaldar e dali começa a ler o que Eduardo escreveu, que é de resto, e em verdade, quem está a pensar no que escreveu.*)

MEFISTO
(*lendo alto, fuzilando o monóculo na luz*)
"O homem dentro do ser". (*A Eduardo:*) Bravos! Profundo!... É uma legenda?

EDUARDO
(*mesma atitude*)
É um título!

MEFISTO
Não está mau... Com letras negras, num cartaz, é de arromba. "O homem dentro do ser"! Sim, senhor! (*A Eduardo:*) E haverá uma outra concepção do homem?

EDUARDO
Há. O homem fora do ser. Há quem só o conceba assim. Os que desejam, à força, descobrir uma finalidade nele!

MEFISTO
E não tem uma finalidade o homem?

EDUARDO
Não!

MEFISTO
(*admirado*)
Mas a morte?

Eduardo
É um fim!

Mefisto
Não é a mesma coisa?

Eduardo
São coisas diferentes.

Mefisto
É clara a diferença?

Eduardo
Como a água das fontes!

Mefisto
Poderás instruir-me sem retórica?

Eduardo
A finalidade é a Consciência. A criatura, sabendo o que quer, e para onde vai... O fim é o Destino. A criatura em movimento contínuo e automático.

Mefisto
(depois de uma pausa)
Como o inferno está atrasado!

Eduardo
(levanta e dirige-se à mesa. Senta-se. Sempre indiferente a Mefisto, que continua por detrás

do espaldar. Eduardo não o vê, porque toda a sua visão é para o interior. Lendo o que escreveu)
Quero sacrificar toda a minha vida pela Beleza...

MEFISTO

Mas a Beleza é uma perturbação dos sentidos... Nada mais! (*Durante as respostas de Mefisto, Eduardo pensa emudecido. O seu mutismo é o próprio raciocínio infernal de Mefisto.*)

EDUARDO
(*lendo, continuando*)
E esgotar na sua decifração, gota por gota, todo o meu Destino.

MEFISTO
Não estarás enganado?... Não estarás iludido?... Que procuras?

EDUARDO
(*lendo*)
Procuro a Perfeição da obra da vida... Procuro, no meu destino, a alegria de viver.

MEFISTO
Suave engano! O destino humano é sofrer. Talvez que o sofrimento conduza o homem à perfeição do ser. Quem sabe? Não será uma hipótese? (*Eduardo, enquanto fala Mefisto, como*

que se ouve a si próprio... a voz da sua consciência em solilóquio.)

EDUARDO
(*lendo*)
Procuro, em vão, amar a mulher...

MEFISTO
Outra quimera! A mulher não existe.

EDUARDO
(*lendo*)
E só encontro episódios no grande amor que eu lhes dedico.

MEFISTO
Que se há de fazer? Na grande vida de um grande artista, como tu, as mulheres não passam de simples episódios sensuais.

EDUARDO
(*lendo*)
Por quê, Santo Deus? Por quê? Em que ponto da criação fecundará, então, o amor? Onde a sua essência?

MEFISTO
Essência de uma completa ilusão, o amor também não existe. E ninguém é culpado de sofrer o golpe dessa verdade, desfechado no coração humano pela inteligência, que só pode

aceitar o amor como uma exaltação efêmera dos sentidos, que regem a matéria, meu pobre artista!

EDUARDO
(*lendo*)
Onde?... No pecado?

MEFISTO
O pecado do amor é a maior tolice e o absurdo maior dos homens...

EDUARDO
(*lendo*)
Não desalento, não me convenço... e procuro!... Que caminho tomar nesta encruzilhada solitária das desilusões? Procuro o caminho da perfeição, seguindo o roteiro divino do amor... Tenho um resto de forças ainda... Amarei os homens... Estudarei a ciência de dirigi-los e encaminhá-los!

MEFISTO
Ciência social? Querer dirigir os homens? Loucura! Não será mais difícil dirigir os ventos da tempestade!

EDUARDO
(*lendo*)
Sinto-me bom... Inundado de ternura e piedade... A saudade da minha infância brotou e

se abriu como uma grande vitória-régia no lago estagnado da minha alma... Minha velha mãe apontava-me o céu e dizia-me baixinho, num suspiro: "Deus!" E eu quedava-me absorto na maravilha azul desse Deus formidável! Acreditava, temia, e era feliz! A vida era-me uma sucessão de maravilhas... Certo dia recebo um presente... um livro! A vida passou... e eu continuei a ler... Quis sentir, quis saber, quis conhecer tudo, até o próprio Deus do azul! Como se tivessem aberto os olhos e eu não visse, tudo neguei! De ânsia em ânsia, de dor em dor, tenho a impressão, às vezes, que fiz a volta a um grande círculo e de novo cheguei ao ponto de partida... Meus olhos cegos de viver ousam em certas horas levantar para o azul as órbitas vazias... Ainda estará por lá Deus da minha infância?

MEFISTO
Cuidado!

EDUARDO
(*lendo*)
Bem a sós comigo, nesta minha sala deserta, muito em segredo, que me diria a minha consciência?

MEFISTO
Uma consciência a segredar o mistério de Deus?

Eduardo
(*lendo*)
Devo ter fé? Devo pensar em Deus?

Mefisto
Outro absurdo! Uma coisa ou outra, pobre homem. Ou se tem fé, ou se pensa.

Eduardo
(*lendo*)
Mas por que se fez de Deus um mísero vocábulo? Deus não deveria ter um nome. Deus não deveria ser Deus. (*Eduardo, findando a leitura neste ponto, enterra a cabeça nas mãos, numa atitude de desalento.*)

Mefisto
Muito bem. Este final salvou-te. Estou satisfeito! (*Beija a cabeça de Eduardo e sai assobiando alegre e satisfeito. Há um momento. Entra o Escudeiro com a capa e o chapéu de Eduardo. Aproxima-se.*)

Antônio
Meu senhor!

Eduardo
(*como que desperta*)
És tu? Já me havia esquecido da condessa, e, principalmente, de ti! (*Forçando jovialidade enquanto estende os braços para enfiar a capa:*) Anda, homem vagaroso, és feliz!

ANTÔNIO
(*ao mesmo tempo que enfia a capa*)
É que aquela senhora está aí!... Eu tentei convencê-la de que o meu senhor não pode recebê-la! (*Antônio fala a medo.*)

EDUARDO
(*estacando o movimento*)
Quem?

ANTÔNIO
Ela!

EDUARDO
Ilda?

ANTÔNIO
Sim, meu senhor!

EDUARDO
(*em um assomo de nervos, sem ser indignação, nem revolta, nem ódio, nem ameaça, agarra violentamente Antônio pela gola da casaca*)
Já não te tenho dito, malvado, que não quero recebê-la? Já não te tenho dito?

ANTÔNIO
(*sacolejado*)
Ela chorou, meu senhor! (*Eduardo fulmina sua violência. Fica estático a olhar o Escudeiro, que prossegue com a voz embargada pela emoção:*) Ela está a chorar!

(*E Antônio rompe em soluços. Eduardo continua estático. Evapora-se um segundo na poeira do tempo. E Eduardo mudo, profundamente mudo, despe a capa dum arranco e precipita-se pela porta em busca de Ilda. Antônio domina-se, concentra-se. Apanha a capa do chão, toma o chapéu, a bengala, desaparecendo por outra porta, depois de haver torcido o interruptor iluminando o estúdio. Há um silêncio, uma espera. E aparecem Eduardo e Ilda, que vem enlaçada a ele, o rosto escondido entre as mãos, em choro. Eduardo a faz sentar no divã, ficando aos seus pés.*)

Eduardo

Para que vieste? (*Pausa.*) Não chores tanto! Para que chorar? As mulheres não sabem chorar sem lágrimas... Os prantos que se adivinham em uns olhos secos! (*Mas Ilda continua a chorar baixinho, o rosto entre as mãos, jogada sobre o sofá, como uma dolorosa coisa abandonada. Eduardo levanta-se. Aquela mulher chorando se lhe torna uma agonia insuportável. Continuando:*) Só eu não posso chorar! E sofro tanto... tanto... Ah, se eu pudesse chorar uma só das tuas lágrimas! Como seria o mais feliz dos homens! Como deve ser bom chorar! (*Silêncio.*) Como a noite é tenebrosa! Nenhuma estrela! Que saudades do luar! (*Aproxima-se de Ilda:*) Ilda! (*Toma-lhe as mãos, soergue-a.*) Ilda!

ILDA
Que tens, meu amor? Por que não me beijas? Por que não deliras como eu neste encontro?

EDUARDO
(*tentando soltar-se suavemente dos braços dela*)
Ilda!

ILDA
(*segurando-o*)
Que tens?... Por que me foges?

EDUARDO
Ilda! (*Grande esforço de concentração.*) És tu?

ILDA
Não me conheces mais, Eduardo? Transfigurou-me tanto assim o sofrimento?

EDUARDO
Deixa-me ver os teus olhos!

ILDA
Vê, Eduardo... Ainda estão cheios dos teus!

EDUARDO
As tuas mãos... As tuas lindas mãos de pluma... As tuas mãos de madona!

ILDA
Aqui estão, meu amor... São as tuas mãos!

Eduardo
Não! És uma feiticeira... Não és Ilda!

Ilda
(*espanto crescente*)
Que dizes?

Eduardo
Tu não és Ilda!

Ilda
Como não me reconheces? Que significa esse disfarce?

Eduardo
(*todo concentrado na sua memória*)
Ilda... Tu?

Ilda
Sim... Ilda... A tua estátua viva!

Eduardo
(*desalento, amargura*)
Ah, a minha estátua... morta!

Ilda
A tua estátua viva... viva! As estátuas não morrem! Quero ver a estátua! A minha... a nossa estátua! (*Encaminhando-se à estátua velada.*)

EDUARDO
(*embargando-lhe os passos*)
Não... Não queiras ver...

ILDA
Compreendo, Eduardo! Uma nova estátua! Pobre de mim!

EDUARDO
As estátuas também morrem... sepultadas no mármore de si mesmas... A nossa estátua morreu de frio... morreu de mármore!

ILDA
(*indignação*)
Mentes!

EDUARDO
A morte é a única verdade de tudo!

ILDA
Quero ver com quem me traiu!

EDUARDO
Não queiras ver a ti mesma depois de morta... Será horrível!

ILDA
Mentes! Mentes! Eu não estou morta... Eu não morri... Eu estou viva!

Eduardo
Dizem que a ilusão da vida é a maior tortura das almas penadas... Tenho pena de ti!

Ilda
Quero ver... quero ver... eu não morri!

Eduardo
Duvidas?

Ilda
Sim... Duvido! Quero ver!

Eduardo
Pois que se faça a luz para os teus olhos. (*Descobre o esqueleto. Ilda recua com um grito de horror. Vai atirar-se a um móvel escondendo o rosto para não ver.*)

Ilda
Não quero ver... não quero ver!

Eduardo
Demasiado tarde! A visão, agora, está dentro de ti... Quanto mais fechares os olhos para não ver... mais verás! (*Aproxima-se.*)

Ilda
(*sem olhar*)
Deixa-me! Deixa-me!

Eduardo
Pobre de ti! Pois não vês que Ilda tu não podes ser?... Onde está a harmonia de Ilda, nesse teu desalinho tão pavorosamente humano?

Ilda
(*elevando os olhos, como em súplica aos céus*)
Enlouqueceu! (*Pegando-lhe as mãos:*) Eduardo! Ó meu amante! Não me abandones! (*E soluça entre as mãos de Eduardo.*)

Eduardo
(*insensível como o mármore*)
As tuas lágrimas vão caindo na minha alma, como gotas candentes... Tenho tanta pena de ti! E, se piedade é amor, eu amo-te profundamente!

Ilda
(*erguendo-se em lágrimas*)
Dize, repete que me amas!

Eduardo
Tenho pena de ti!

Ilda
Eduardo... Meu adorado Eduardo... Volta à tua razão... Não me desampare na solidão do mundo que me apavora! O teu amor era todo o meu refúgio!

EDUARDO
Amo-te! Amo-te!

ILDA
Sim, Eduardo! Dize assim... Repete aquelas palavras de fogo e rosas.

EDUARDO
As rosas crestaram ao calor do fogo!

ILDA
Lembras-te, Eduardo?

EDUARDO
Se não me lembrasse, já teria morrido também!

ILDA
A nossa noite de núpcias... O luar das alamedas!

EDUARDO
As sombras!

ILDA
As muitas flores...

EDUARDO
Tal e qual quando se morre!

ILDA
Mas nós vivíamos!

EDUARDO

Vivíamos!

ILDA

Por que não me apertas de encontro ao coração, como naquela noite?

EDUARDO

Porque receio abraçar um esqueleto! (*Afasta-se em direção ao reposteiro.*)

ILDA

Eduardo!

EDUARDO
(*voltando-se*)

Onde estás? No espaço? Abaixo ou acima de mim? Vives uma outra vida? És uma sombra? Tens um corpo? Quem és tu, afinal? (*Afasta-se mais.*)

ILDA
(*terror e desespero*)

Eduardo!

EDUARDO
(*já na porta, voltando-se pela última vez*)

Como eu sofro de saudades de ti! (*E desaparece. Passa-se um momento, durante o qual parece que Ilda emudeceu de desespero e de dor.*)

ILDA
(*num grito de socorro*)
Eduardo! Eduardo! (*Aparece Antônio.*) Meu amigo, socorra-me! (*E atira-se em seus braços.*)

ANTÔNIO
Minha querida senhora... minha querida menina... (*Fá-la sentar com todo carinho e respeito.*)

ILDA
Enlouqueceu!

ANTÔNIO
(*triste*)
Está muito doente... muito doente! O meu amado senhor... que eu vi tão pequenino, que eu vi crescer... que é quase o meu filho querido... (*Estrangula na garganta um soluço.*)

ILDA
Precisamos salvá-lo, meu amigo! Diga-me, que devo fazer?

ANTÔNIO
Ter fé em Deus... e paciência! Não deve voltar aqui, por enquanto... Eu irei dar-lhe notícia sempre que puder... Mas não deve voltar... Ele piora muito quando a menina aqui vem... Ele ama profundamente a menina!

Ilda
(*humilhação dolorosa*)
Ama-me? Eduardo ama-me? Não... não! Amou-
-me um dia, uma noite, talvez...

Antônio
Juro-lhe! Todos os dias fala na menina... E beija o seu retrato... Lê as cartas que a menina lhe mandava por mim, lembra-se?

Ilda
Se não hei de lembrar-me?

Antônio
Que quer? É da doença... Precisa perdoá-lo, e ter pena dele!

Ilda
Eu queria curá-lo com os meus beijos e o meu carinho... Mas ele me foge!

Antônio
É a doença, minha querida senhora. Que o meu senhor a ama, isso posso jurar. Não se deita uma só noite que não veja antes o seu véu... aquele véu muito grande que a menina trouxe na primeira noite em que veio aqui... e perde-
-se todo a falar com o pobre véu, a olhá-lo, a beijá-lo... Que quer? É da doença!

(*Silêncio. Ilda chora um pranto suave e puro de noiva, cujo noivo morreu. Antônio, sem lágrimas, chora mais do que ela, na tristeza do olhar e na atitude.)*

ILDA
(*levantando-se*)
Adeus, meu amigo... Não deixe um dia de ir ver-me! Leve notícias dele a toda hora!

ANTÔNIO
Prometo-o, minha senhora... Sempre que puder... Não se aflija... Tenha fé e paciência... (*Ilda estende a mão a Antônio, que se curva e a beija.*)

ILDA
(*lentamente com um lento olhar a tudo, vai se aproximando da* terrasse. *Diante do esqueleto*)
Que horror! Por que isso veio parar aqui? A estátua, que fim lhe deram?

ANTÔNIO
(*abanando melancolicamente a cabeça*)
Mandou que a enterrassem no parque e plantou ciprestes em torno... E mandou gravar sobre a lápide estas palavras: "Aqui repousa a Beleza!" Lá está no parque, entre ciprestes, coberta de rosas que ele mesmo vai colher todas as manhãs. (*Com um olhar ao esqueleto.*) Um belo dia, uns homens trouxeram isto para o lugar da estátua... O que se vai fazer? É da doença!

(*Ouve-se de dentro a voz de Eduardo que chama: "Antônio."*)

Ilda
(*ao ouvir a voz, num susto*)
Adeus! Não me abandone... Seja muito carinhoso com ele... Fale-lhe sempre de mim! Não deixe que me esqueça... Adeus... Adeus... (*Ilda desaparece pela terrasse. Antônio segue-a. Eduardo aparece da alcova. Vai direto à mesa, onde começa a escrever uma carta. Antônio aparece. Ao ver que Eduardo escreve, espera. Há um momento. Eduardo acaba a carta e a subscreve. Fecha-a em um envelope. Fica pensativo, com a carta entre os dedos, a olhar distraidamente a vela do lacre a arder.*)

Antônio
Meu senhor, chamou?

Eduardo
(*sem se voltar*)
Ilda?

Antônio
Acaba de partir no seu automóvel!

Eduardo
Viste-o sumir na noite?

ANTÔNIO
Vim logo atender ao meu senhor, que me tinha chamado.

EDUARDO
Amas Ilda?

ANTÔNIO
Muito, meu senhor!

EDUARDO
Quer que mande buscá-la, para viver aqui conosco, entre os nossos dois corações?

ANTÔNIO
(*lampejo de alegria*)
Seria uma felicidade, meu senhor... Ela é tão boa... E ama-o tanto!

EDUARDO
Amor? Como é banal esta palavra! (*Silêncio. Eduardo apaga a vela. Cai em abstração.*)

ANTÔNIO
(*numa suave ilusão*)
Lá se foi perdida em choro, a pobrezinha! (*Chora. Outro silêncio.*)

EDUARDO
(*sente o pranto de Antônio, para quem se volta abstraidamente*)
Também tu choras, Antônio?

ANTÔNIO
(*envergonhado, arrependido, enxugando as lágrimas*)
Queira perdoar, meu senhor!

EDUARDO
Que eu hei de fazer para chorar também? Porque o meu sofrimento é de pedra?

ANTÔNIO
Meu senhor, que pensa tanto, por que não pensa em Deus?

EDUARDO
Quem é Deus?

ANTÔNIO
É a paz das nossas almas, meu senhor!

EDUARDO
(*absorto*)
Não te parece pouco? Será o fim de tudo?

ANTÔNIO
Com certeza, meu senhor!

EDUARDO
E o princípio de tudo, quem será?

ANTÔNIO
Com certeza, ele também, meu senhor!

EDUARDO
(*pausa*)
E como se pensa em Deus?

ANTÔNIO
Rezando, meu senhor.

EDUARDO
E como se reza?

ANTÔNIO
(*profundamente contrito, mãos postas,
olhar erguido*)
Assim, meu senhor! "Pai nosso, que estais no céu, santificado seja o Vosso nome"... (*Música. Eduardo, à proporção que Antônio ora, mais se afunda em si mesmo.*) "Venha a nós o Vosso reino, seja feita a Vossa vontade, assim na terra como no céu! O pão nosso de cada dia, dai-nos hoje, perdoai as nossas dívidas, assim como nós perdoamos aos nossos devedores. Perdoai as nossas ofensas, como nós perdoamos aos nossos ofensores. E não deixeis cair em tentação, mas livrai-nos do mal. Assim seja!"

(*Nas últimas palavras da oração, Eduardo tem lágrimas a escorrer-lhe pela face. Antônio fica ainda na posição contrita, com o pensamento elevado a Deus. E Eduardo é vencido pelo pranto em soluços, que o abalam todo.*)

ANTÔNIO

Meu senhor... Meu senhor... Um milagre... Um milagre de Deus!

EDUARDO

(*levanta-se*)

Obrigado, meu bom amigo. Agradece ao teu Deus o milagre do teu coração. (*Beija-o na testa.*) Estou mais consolado. A tua prece foi-me um grande bálsamo... Olha, apetece-me até fumar um cigarro!

ANTÔNIO

Graças a Deus, meu senhor... Graças a Deus! (*Antônio serve cigarros a Eduardo, a quem acende um.*)

EDUARDO

(*por fim*)

Agora é tempo de nos lembrarmos da pobre da condessa, que já se cansou de esperar.

ANTÔNIO

Será tempo ainda, meu senhor?

EDUARDO

Pelo menos, de uma satisfação. Aqui a tens (*Entrega-lhe a carta lacrada.*) Irás depressa à casa da senhora condessa com esta carta.

Antônio
Mas o meu senhor vai ficar tão só? E se precisar de alguma coisa? E se se sentir mal?

Eduardo
Nada receies... A tua prece curou-me. E, se houver necessidade, chamarei o copeiro.

Antônio
Irei num pulo. Quando voltar, há de tomar o seu chá, para fumar o seu charuto... Está dito?

Eduardo
(*sorridente*)
Está dito.

(*Antônio sai satisfeito, levando a carta. Depois de uma ligeira indecisão, Eduardo vai sentar-se no divã, onde acaba de fumar o cigarro, perdido numa cisma vaga como a fumaça espiralante na sala. Silêncio. Mais um grande silêncio. Música em surdina. Eduardo levanta-se, atravessa a cena para entrar na alcova. Um momento. Eduardo reaparece com uma arca de sândalo, que coloca sobre a mesa, abrindo-a. Tira um grande véu, o da noite nupcial de Ilda, desdobra-o como uma relíquia.*)

Eduardo
A tua forma evaporou-se, Ilda, na essência alada e enganadora que tu és! Ficou-me só o

sudário do teu véu! A alma do amor é um tecido tenuíssimo de gaze... (*Beija o véu, depois de o dobrar cuidadosamente. Guarda-o na arca que fecha. Corre o olhar em torno. Vai apagar, ao interruptor, a luz do lustre. A meia-sombra coante do abajur espalha-se pela cena. Eduardo desaparece pelo fundo direito. Um momento. Da janela surge Mefisto, que vagueia pelo estúdio, e vai sentar-se no divã, numa atitude de quem espera. Reaparece Eduardo, que desce cauteloso até o esqueleto, contempla-o por um momento. Como quem conclui um raciocínio de longos anos de estudo e sofrimento, dirigindo-se ao esqueleto:*) A beleza, a eterna perfeição, és tu, ó estátua da morte! Enigma... Revelação... Mentira... Verdade... Tudo... Nada! Eu te saúdo! (*Dirige-se à secretária, sem reparar em Mefisto, que está oculto. Nesse momento Eduardo tem a calma trágica das resoluções formidáveis. Abre a gaveta e tira um revólver, o mesmo do primeiro ato. Examina cuidadosamente a arma. Deixa-a de um lado. Ampara a cabeça entre as mãos. Mefisto, do divã, acompanha fria e indiferentemente tudo.*)

EDUARDO
(*como emergindo do seu ser*)
Que horror! Como eu me apavoro a mim mesmo... Dir-se-á que a minha alma é um espelho, em que se refletem morcegos fantásticos!

(*Medita um momento ainda. Segura com as duas mãos o revólver, com o cano voltado para a testa, de que começa a aproximá-lo lentamente.*) Na minha alma começa a cair a treva final! (*Música. O teatro inteiro começa a escurecer gradativamente. Silêncio.*) Antônio, meu fiel amigo... Obrigado, pela tua prece! Ilda... morrerei em ti! (*O teatro escureceu. Um silêncio.*)

MEFISTO
(*levantando-se envolto na capa,
mãos escondidas*)
Eduardo!

EDUARDO
(*reconhece a voz. Sem se erguer*)
Tu!?

MEFISTO
Eu! Sempre eu! (*Aproximando-se.*) Pensaste bem no que vais fazer?

EDUARDO
(*olhar fixo na arma que tem na mão*)
Matar-me!

MEFISTO
É uma conclusão definitiva a que chegaste?

EDUARDO
É!

MEFISTO
E foste um sábio?

EDUARDO
Fui!

MEFISTO
E um artista?

EDUARDO
Também!

MEFISTO
E um grande amoroso?

EDUARDO
Também!

MEFISTO
E um grande sofredor?

EDUARDO
Sofri toda a dor!

MEFISTO
E neste momento, diante desse revólver, que te julgas?

EDUARDO
Deus!

MEFISTO
Tens a certeza?

EDUARDO
Maior ainda do que Deus!

MEFISTO
Então, não precisas mais de mim... És perfeito. Está cumprido o nosso pacto... Boa viagem!

(Mefisto encaminha-se para a vidraça. Volta-se. Eduardo está profundamente imerso na sua atonia. Do alto, sombrio, Mefisto aguarda a última palavra, o último sopro de vida de Eduardo... E desata uma gargalhada infernal.)

EDUARDO
De que te ris, Satanás?

MEFISTO
(intenção diabólica)
Do padre-nosso!

EDUARDO
(louco)
Maldito sejas tu!

(Eduardo atira em Mefisto. Grande fragor musical. Toda a luz. Mefisto envolve-se na capa, tapando o rosto – e foge.)

MORTE DE EDUARDO

FIM